팔공산 메나리 공산농요와 서촌상여

팔공산 메나리
공산농요와 서촌상여

발 행 | 2017년 12월 5일

지은이 | 권태룡
　　　　한국아이국악협회
펴낸이 | 신중현
펴낸곳 | 도서출판 학이사

　　　　출판등록 : 제25100-2005-28호
　　　　주소 : 대구광역시 달서구 문화회관11안길 22-1(장동)
　　　　전화 : (053) 554~3431, 3432
　　　　팩스 : (053) 554~3433
　　　　홈페이지 : http:// www.학이사.kr
　　　　이메일 : hes3431@naver.com

ISBN _ 979-11-5854-111-8　03090

]F[대구문화재단

본 도서는 '2017 대구문화재단 문화예술진흥사업' 일부를 지원받아 출간되었습니다.

팔공산 메나리
공산농요와 서촌상여

권태룡 엮음

學而思 | 학이사

'토속민요' 라 하면 향토 주민들의 생활 속에서 발생하여 전수된 것으로 향토 문화성이 농후하고 음악적 특성에 있어서 '통속민요' 보다 더욱 민중적이라고 할 수 있다. 사설이나 가락이 비교적 소박한 대신 향토적인 특성을 깊이 간직하고 있다. 대부분 같은 마을 사람들이 부르면서 전승시켜 온 노래이기 때문에 '통속민요' 처럼 세련된 맛은 적으나 그 마을의 삶과 정서를 함축하고 있는 훌륭한 문화적 유산이라고 할 수 있다.

달구벌 대구는 민족의 정서를 잘 함축하고 있는 예술인 '토속민요'의 고향이다. 그러나 도시화 과정과 산업화 과정을 거치면서, 대구지역의 대부분의 토속민요가 점차 그 기능을 상실하게 되었고 거의 소멸 직전에 이르게 되었다. 1980년대 후반에만 살펴보더라도 오늘날 무형문화재급 인물들이 170여 명이나 생존해 있었던 것으로 파악되었는데, 안타깝게도 2017년 대부분의 '토속민요' 는 그 가사만 남게 되었거나, 어떻게 불리었는지 알 수 없으며, 그 노래를 불렀던 이들은 현재 거의 찾기가 어렵다. 이처럼 우리의 소중한 문화유산이 잊혀 진 세월로 기억되면 안 되기에, 뒤늦은 관심이지만 사명감을 담아 대구 달구벌 팔공산을 중심으로 널리 불리어졌던 '공산농요(대구시 무형문화재 7호)'와 '서촌상여(무형문화재 미 지정)'를 기록하고 보존하고자 한다.

이 책은 저자가 2017년 현재까지 직접 공산농요와 서촌상여를 배우면서 가까이서 경험했던 스토리와 노래 등을 직접 담았으며, 20년 이상에 걸쳐 녹음한 것을 토대로 채보작업을 완성하였다. 또한 부족한 부분들은 송문창 예능보유자의 구술 증언과 기타 보충 증언, 현지답사와 여러 문헌 등의 기록을 거쳐 완성하게 되었다.

아무쪼록 이 자료가 팔공산 지역을 배경으로 생성된 〈팔공산 메나리 공산농요와 서촌상여〉에 대한 이해를 깊이하고, 나아가서 우리 민족음악을 연구하는데 소중한 자료로 널리 활용되어지기를 기대하며, 아울러 이 책이 나오기까지 고증에 힘써주신 송문창 예능보유자와 악보 채보에 도움을 주신 서정미, 백은혜 선생에게 깊은 감사의 말씀을 드린다.

2017년 가을 권태룡 씀

| 차례 |

Ⅲ. 서촌상여 사설

Ⅰ. 팔공산 메나리 공산농요와 서촌상여

1. 유래와 배경

'공산농요'와 '서촌상여'의 배경이 되는 '팔공산(八公山)'은 대구의 주산(主山)으로 신라시대에는 '중악(中岳)', '부악(父岳)', '공산(公山)' 등으로 불렸으며, 1450년 전후에 기록된『고려사(高麗史)』를 살펴보면 고려시대에는 '공산(公山)'이라 불렸고, 1530년에 편찬된『신증동국여지승람(新增東國輿地勝覽)』을 살펴보면 조선시대에 들어서야 '팔공산(八公山)'이라 칭하게 된 영남 지역의 명산(名山)이다. '중악(中岳)'이나 '공산(公山)'의 명칭은『삼국유사(三國遺事)』,『삼국사기(三國史記)』기록에 분명하게 나타나 있는데, '공산(公山)'은 현재의 '팔공산(八公山)'을 칭하는 것이고, '중악(中岳)'이라는 것은 신라 오악[1]의 하나로 불리던 명칭이었다.

한편, '공산(公山)'은 우리말로 '곰뫼' 즉 '웅산(熊山)'이란 뜻인데, 고대에 곰은 신, 신성의 뜻을 가졌으며, '곰나루(熊津, 웅진)'가 '공주'가 되듯 '곰'이 '공'으로 표기되면서 '공산(公山)'이라 일컫게 되었다고 한다. 또한, 이 '공산(公山)'이 '팔공산(八公山)'이라 불리게 된 데는 다음과 같이 여러 가지 설이 있는데, ① 여덟 명의 장군이 순절했다는 설 ② 여덟 고을에 걸친 산이었다는 설 ③ 여덟 간지를 봉안했다는 설 ④ 여덟 성인이 득도해서 나온 산이라는 설이다.

---

1) 五岳. 동쪽 토함산 - 동악, 서쪽 계룡산-서악, 남쪽 지리산 - 남악, 북쪽 태백산 - 북악, 중앙의 공산 - 중악을 지칭한다.

'여덟 명의 장군이 순절했다는 설'을 보면 고려의 통일 전쟁 시에 태조 왕건과 후백제왕 견훤이 동수대전에서 격돌했을 때 여덟 명의 장군이 순절했다는 것인데, 실제로 신숭겸, 김낙 두 장군 외에 다른 장군의 순절 사실이 역사적인 사실로 드러나지 않아 진위를 가리기 힘들고, '여덟 고을에 걸쳐 있었다는 설'은 조선 초기에 생긴 '팔공산(八公山)'의 이름 때문에 생긴 것으로 보이는데, 조선 초기 이후 '공산(公山)'은 해안(解顔, 지금의 달성군), 하양(河陽), 신녕(新寧), 팔거(八居, 칠곡), 부계(缶溪) 등 다섯 고을 즉, 현(縣)에 걸쳐 있었지만 여덟 고을에 걸쳐 있지는 않았으며, '여덟 간지를 봉안했다는 설'은 신라 헌덕왕자인 심지왕사(心地王師)가 속리산에 가서 진표율사(眞表律師)가 미륵보살로부터 받은 여덟 간자를 받아와서 '공산(公山)'의 동사(棟寺)라는 절에 봉안하였다는 설이며, '여덟 성인이 득도했다던 설'은 원효의 제자 여덟 명이 '천성산'에서 '공산(公山)'에 들어와 세 스님은 삼성암에서, 다섯 스님은 오도암에서 득도했다는 설이다. 이외에도 사대주의 모화(慕華) 사상가들이 중국의 지명에서 따온 것이라고 추정하기도 하는 등 여러 가지 설이 많다.

이러한 '팔공산(八公山)'에 자리 잡은 동네로 '공산동'[2]은 팔공산 기슭의 산림지역과 아래쪽의 넓은 평야지역을 끼고 있어 비옥한 땅에 예로부터 논농사와 밭농사로 생업을 주로 하였는데, 이로 인한 전형적인 농업지역인 공산(公山) 일대에서는 전통적인 농업노동 관행인 품앗이, 두레 등에서 우러나오는 〈모찌는 소리〉, 〈모심기 소

---

2) 公山洞. '공산농요(公山農謠)'의 발생지, 공산(팔공산)지역에 자리 잡고 있어 그 명칭이 유래한다.

리〉, 〈논매기 소리〉 등의 '농요(農謠)'가 발달하게 되었을 것이다.

또한, 가운(家運)을 축원(祝願)하고 지신(地神)을 누르기 위하여 부르는 '세시 의식요' 〈성주풀이〉, 〈살풀이〉, 〈조왕풀이〉 등 '지신밟기소리'와 만가(挽歌)의 일종인 '상례 의식요' 〈발인제〉, 〈행상 소리〉, 〈달구 소리〉 등 '상여 소리'가 전승되어 온다. 즉 이곳은 '공산농요', '서촌상여', '당정마을 지신밟기 소리' 등의 토속민요가 널리 분포되어 불린 곳이다.

'서촌상여'의 '서촌'은 팔공산 지역을 구분할 때, 주로 '북촌(北村)'과 '서촌(西村)'으로 구분하였는데, 동화사 쪽을 '북촌', 파계사 쪽은 '서촌'이라 일컬었으며, '공산동(公山洞)'의 법률(관습법)로 정해진 동명(洞名)의 하나인 '송정동(松亭洞)'은 파계사 인근 서쪽에 위치한 동네로 '서촌(西村)'에 속한다.

2. 송문창 선생 생애와 전승계보

'공산농요'와 '서촌상여'를 계승·보존해왔으며 현재 '대구시 무형문화재 제7호 공산농요보존회'를 이끌고 있는 송문창(1933년생) 선생은 당시 행정구역상 대구직할시 동구(현재 대구광역시 동구) 송정동 584번지에서 태어났다. '송정동(松亭洞)'은 법정동(法定洞)이며, 행정상으로는 '공산동(公山洞)'에 속한다.

'공산동(公山洞)'은 1896년 8월 4일 이후부터 1910년 10월 1일까지 경상북도 대구부 해북촌면과 해서촌면으로 구분되었고, 1914년 4월 1일부터 경상북도 달성군 공산면에 편입된다. 이후 경상북도 대구시 공산면과 경상북도 달성군 공산면으로 명칭이 번갈아 불리길 반복하다가, 1981년 7월 1일 대구가 직할시로 승격되면서 '공산동(公山洞)'은 대구직할시로 편입된다. 이후 1995년 1월 1일 이후엔 대구광역시 동구 공산2동과 공산1·2동으로 번갈아 불리길 반복하다, 1999년 9월 1일부터 대구광역시 동구 공산동(公山洞)으로 지칭되고 있으며 능성동, 진인동, 도학동, 백안동, 미곡동, 용수동, 신무동, 미대동, 내동, 지묘동, 덕곡동, 송정동, 신용동, 중대동 등 일대를 모두 관할하고 있다. 그러므로 공산동은 남쪽으로는 대구광역시 봉무동과 불로동, 북쪽으로는 경상북도 칠곡군 동명면과 경상북도 군위군 부계면, 동쪽으로는 경산시 와촌면과 영천시 청통면, 신녕면, 서쪽으로는 대구광역시 북구와 두루 인접하고 있다.

'송정동(松亭洞)'은 마을 중심에 큰 소나무 정자가 있어 붙어진 이름이며, 임진왜란 때 왜란을 진압하고 귀국하던 명나라 장수 이여송이 팔공산 산세를 보고 조선 땅에 큰 인물이 날 것을 염려하여 맥을 끊은 자리에 미륵불이 솟았다고 전해지는 지역으로 지금도 높이 2m, 폭 80㎝의 화강암으로 된 석불이 현존하고 있다. 또한 '송정동(松亭洞)'은 17세기 중엽 경주 이씨, 여산 송씨, 달성 서씨, 진주 강씨가 들어와 살면서 마을을 일궜는데, 특히 송정 2동의 옛 지명이 당정마을[3]이었으며, 마을 북쪽으로 골안못, 남쪽에 당정지가 있고, 마을 북동쪽으로 파계사가 자리하고 있다. 최근 마을 초입에 조성된 석축은 마을 중심부를 흐르는 계곡을 가로질러 자그마한 성처럼 조성하여 하단에 암문처럼 수구를 뚫어 놓았다. 이는 예전 이 마을에 자손이 귀하여, 음기가 빠져나가지 않도록 풍수지리학적 비보

---

3) 당정마을의 당(棠)자는 '팥배나무' 란 뜻을 갖고 있다.

(裨補) 수단으로 축대를 쌓은 것이라 한다.

송문창 선생은 어릴 적 동향의 이태용[4] 등과 함께 경주 이씨[5]를 통해 소리와 장단 등을 배웠다고 전한다. 당시 달성권번[6] 2기생이었던 이추파가 팔공산 대왕재 인근 오두막집에서 막걸리를 갖다놓고 '송정마실 가나불'이라는 술집을 운영하였는데, 이곳에서 놋잔 1잔(당시 5전)을 시켜놓고선 동향의 4~5명의 선배와 함께 나눠 마셨던 기억을 떠올렸는데, 이들과 어울려 불렀던 노래들 또한 지금의 소리에 많은 영향을 준 듯하다.

선생은 농사짓는 아버지를 도우며 자연스럽게 소리를 접하게 되었고, 13살부터 동네 어르신들과 동네 형님들의 노래에 관심을 갖고 흥을 돋우며 소리의 자질을 보였다고 한다. 강약의 리듬감과 창의적인 사설 구성력, 풍부한 성량과 뛰어난 음악적 표현력을 바탕으로 16세부터 탁월한 소리꾼으로 인정을 받아, 모심기나 논매기를 할 때 본격적으로 앞소리를 하기 시작했으며, 나무하러 갈 때는 선배들과 함께 지게를 맞대어서 지게 작대기로 고정하고, 여러 개의 지게를 엮고 쌓아 '모형 상여'를 만들고 상여 소리 연습을 하였다 한다.

20세에 이만옥 여사와 결혼을 하였고, 이후 동천역전(검사동)으로 이사하여 4~5년 거주하게 된다. 당시엔 먹고 살기가 어려워 고

---

4) 송정 2동 태생. 상쇠와 소리꾼으로 유명하다.
5) 당시 주민들이 '송국 어른'이라 불렀다.
6) 대구는 평양, 진주와 함께 유명한 기생들이 많았다. 1910년 한일합방과 함께 관기 제도가 사라지고 상당수 경상감영 관기들이 달성권번 등으로 적을 옮기게 된다.

향 선배인 이관우(1925년생)가 운영하는 장사 일을 잠시 거들었는데, 장사를 하면서 '송주계[7]'를 만들어 계원 48명을 이끌고 전국의 절을 찾아다니며 매구 소리와 토속민요로 품삯을 받기도 했다.

이후, 손수 지어 살았던 입석동 정든 집을 떠나, 1987년 농사가 천직임을 알고 '대구 동구 평광동 1288번지'에 터를 잡고 논농사와 밭농사를 지으면서 정착하게 된다. 이렇듯 그는 지천명에 들기까지 무형문화재와는 아무런 상관없이, 그저 소리가 좋아 소리를 하고 농사가 좋아 농사를 지으며 살았다. 모심기를 할 때면 걸판진 소리로 일꾼들의 피로를 풀어주고 흥을 돋우었으며, 경조사가 있을 땐 빠지지 않고 찾아가 때로는 구성지게 때로는 흐드러진 소리로 마을 사람들과 함께 울고 웃었던 것이다.

1988년, 고 김택규 교수와 권영철 교수와의 인연으로 그는 '공산농요'를 중요한 문화자산으로 세상에 내놓을 꿈을 꾸게 된다. 그리고 이듬해 1989년 드디어 '공산농요'가 공식적인 이름으로 세상에 첫선을 보이게 되는데, 바로 마산에서 열리는 제30회 전국민속경연대회 참가였다. 이 대회에서 공로상을 수상, 이어 제주에서 열린 제31회 전국민속경연대회에서 문화관광부 장관상을 수상하면서 1990년 5월 15일 송문창 선생은 '대구광역시무형문화재 제7호 공산농요 예능보유자'로 지정되었다.

또한, '서촌상여'는 1993년 제34회 전국민속예술경연대회에서 장

---

7) 동촌동 동촌유원지 상포계(喪布契). 당시 초상(初喪) 때 드는 비용을 마련하기 위하여 막걸리 100말 값을 찬조하였다 한다.

려상(문화원연합회장상)을 수상하였으며, 이듬해인 1994년 제35회 전국민속예술경연대회에서도 장려상(문화원연합회장상)을 수상하게 된다. 또한 2002년 4월 제2회 전국향토민요경창대회에서 본 저자(권태룡)는 일반부 개인 자격으로 '공산농요'로 참가하여 〈모심기 소리〉로 고성 군수상을 수상하게 된다. 이외에 2002년 제43회 한국민속 예술축제에서 '당정마을 지신밟기 소리'와 2008년 제49회 한국민속 예술축제 '공산만가(서촌상여의 다른 이름)'로 수상하게 되면서 이 지역의 토속민요가 세상에 널리 알려지게 된다.

〈전승계보〉

미상

↓

경주이씨(송국 어른이라 불림)

↓

송문창(1933년생~현재/예능보유자)   이태용(생몰 미상)

↓

김창환(1960년생~현재/전수조교), 정종철(1945년생~현재/전수조교)
권태룡(1969년생~현재/이수자)

3. 보존회 회원과 연혁

1989년 마산 대회에 출전할 당시 회원은 공산 진인동 주민 13명, 평광동 주민 20명, 기타 지역 12명, 총 45명이 출전하였고, 이듬해인 1990년 제주대회에 출전할 당시 회원은 서촌 지역 주민 20~30명 정도로 구성되었다. 이후 1993년 이후 우제천, 손인갑 등의 평광동 주민들 위주로 회원이 구성되었으며, 1995년 이후 김덕기가 전수 조교를 지정받았으나, 3년 정도 활동하다가 개인 사업이 바빠 포기하게 되었고, 2002년도 조영석도 전수 조교로 지정되었으나, 3년 정도 활동하다 개인 사유로 인해 포기하게 된다.

현재 10년 이상 활동하며 보존회에 남아 있는 회원으로는 2005년 4월 1일 전수 조교로 지정된 김창환, 2015년 1월 1일 전수 조교로 지정된 정종철(2005년 전수조교로 지정된 류시율의 갑작스런 사고로 유명을 달리한 후 지정됨), 그리고 2014년 7월 17일 이수자로 지정된 권태룡(본 책 저자)이 남아 있을 뿐이다. 대부분의 회원이 5~6년을 주기로 들고 나감이 많아, 회원들의 활동이 꾸준하게 지속될 수 있도록 장치를 마련하는 것이 현재 보존회 최선의 과제로 남아 있다.

그리고 '공산농요'와 '서촌상여'에 관심을 가지고 가입하였거나 참여하였던 회원들 대부분은 점차 고령화되고 있는 추세이다. 즉, 1990년대 후반, 단체의 초창기 회원으로 활동하였거나 당시 전국경연대회에 함께 활동하였던 회원들은 대부분 생존해 있지 않고, 2000년대 이후에 등록한 20여 명의 회원들 또한 평균연령이 60세를 웃돌고 있어, 젊은 회원들의 가입이 절실하다고 할 수 있겠다.

연번	성명	생년	거주지	입단연도	비고
01	송문창	1933년	대구 동구 불로동	1990.05	예능 보유자
02	김창환	1960년	경산시 옥산동	1997.07	전수조교
03	정종철	1945년	대구 중구 동인동	2000.01	전수조교
04	권태룡	1969년	대구 북구 복현동	2000.06	이수자
05	류인겸	1960년	경북 청도군 이서면	2011.07	
06	백운분	1955년	대구 동구 불로동	2013.11	
07	권기매	1964년	경북 청도군 이서면	2014.07	
08	박주아	1965년	대구 동구 지묘동	2014.09	
09	이태암	1954년	대구 동구 입석동	2015.07	
10	박지훈	1980년	대구 달서구 대곡동	2015.09	
11	허재윤	1975년	대구시 수성구 신매동	2015.09	
12	손순옥	1959년	대구시 동구 신암동	2015.09	
13	조부덕	1956년	대구 동구 용계동	2015.10	
14	황추자	1961년	대구 동구 검사동	2015.11	
15	이정희	1955년	대구 북구 복현동	2016.03	
16	최순희	1946년	대구 동구 불로동	2016.03	
17	권미경	1959년	대구 동구 도동	2016.03	
18	문경빈	1972년	대구 동구 신서동	2016.05	
19	오태호	1963년	대구 동구 지묘동	2016.09	

4. 도구와 복색

① 공산농요

'공산농요'에 사용되는 것으로는 지게, 지게 작대기, 가래, 망깨, 도리깨, 깔판, 빗자루, 가마니, 모형 모, 괭이자루 등의 '농요 도구'와 길놀이와 입장할 때 필요한 농기, 단기, 꿩장목, 장대, 고딩이, 꽹과리, 징, 북, 장구 등의 '풍물 도구'가 필요하다. 이외에 중참 준비물인 단지, 광주리, 보자기, 술잔, 똬리, 술, 술안주 등도 빼놓을 수 없다.

'공산농요' 전 과장 연희에 필요한 인원은 제한이 없으나 최근 연희에 있어서는 큰 공연은 45명 정도, 일반적인 공연은 25명 정도로 구성이 된다. 또한, 남녀노소를 불문하고 농요를 부른 경험이 있는 사람들로 구성된다.

복색은 남자인 경우 흰 저고리와 흰 바지에 상투를 틀어, 흰 머리띠를 동여매고, 허리에 띠를 묶어 검은색 담배 주머니를 찬다. 여자인 경우 검은 치마에, 흰 저고리를 입고 흰 머리 수건을 한다. 보통 짚신을 신고 길놀이를 하거나 입장을 하기도 하지만, '공산농요' 연희가 시작되면 신을 벗고 맨발로 투입이 되는 것이 일반적이다. 남자, 여자 모두 비 오는 것을 대비하여 도롱이(우장, 雨裝)를 어깨와 등에 걸치고, 삿갓을 오른손에 들고 팔을 휘저으며 춤을 추는데, 공연 중에 논매기 연희에 필요한 '버드나무 가지'[8]를 허리 뒤춤에 꽂기도 한다. 이는 논매기 연희 시 드러난 허리가 햇볕에 타는 것을

---

8) 송문창 선생 구술증언에 의하면 머리에 쓸수 있게 둥글게 만든 것을 '테드레'라 지칭한다.

막기 위해 허리 뒤에 꽂는 것이다. 논 주인(지주) 역할을 맡은 이는 흰 저고리와 흰 바지를 입고 상투를 튼 머리에 정자관을 쓴다. 허리 춤에 곰방대를 꽂고 삽을 들고 오가며 농사일을 독려한다.

②서촌상여

'상여'는 초상 시 시신을 운반하는 기구이다. 상례 때 시신을 운반하는 '상여'와 혼백을 운반하는 '영여'가 있다. 상여에는 '목상여'와 '꽃상여'⁹⁾가 있는데, '목상여'는 목재를 사용하고 단청을 하여 호화롭게 꾸며 조립식으로 만들고 반영구적이다. 반영구적인 상여의 몸체는 단청문양으로 여러 가지 채색을 하고, 대개 상여틀을 분해·조립할 수 있게 되어 있다. 모양은 가마와 비슷하나 더 길다.

'서촌지역'에서 사용되던 상여는 마을에서 공동으로 사용하는 '나무상여'를 사용했으며, 지금은 불에 타서 사라졌다. 현재 '서촌상여'에 사용되고 있는 상여는 평광동 안시랑(시랑이 마을)에서 사용되던 상여를 옮겨와 보존하고 있다. 상여 구조는 대체로 세 부분으로 나뉜다. 상부는 보개(寶蓋), 중간부는 '운각(雲閣)', '유소보장(流蘇寶帳)', 등이 포함된 '여동(輿胴, 몸체)', 하부는 '방틀', '홍대' 등이다. 상여의 가장 윗부분에는 부운(浮雲)과 같은 '앙장(仰帳)'을 설치한다.

'긴 방틀'¹⁰⁾은 상여 틀 전체를 밑에서 받치는 상여의 밑바탕으로

---

9) 꽃상여는 보통 한 번만 쓰고 태워버린다.
10) 장강. 연초대. 장강채.

2개의 긴 원통나무이며, '긴 방틀'의 앞뒤를 고정하는 '짧은 방틀(단강)'은 구멍을 내어 '장부맞춤방식'으로 '긴 방틀'을 끼우는 데, '앞 방틀' 1개와 '뒷 방틀' 1개로 구성된다. 또한 '긴 방틀'과 '짧은 방틀'을 서로 끼운 후, '쐐기'를 박아 고정시킨다.

'홍대(횡강)'는 '긴 방틀'의 밑을 가로로 대는 나무이며 '긴 방틀'을 받쳐주는 받침목 역할을 한다. 보통 상여꾼 숫자에 따라 홍대의 개수가 달라지며, 32명(대틀) 상두꾼일 경우, '홍대' 7개가 필요하다.

'앞 방틀'과 '뒷 방틀' 사이에는 7개의 '홍대'를 나란하게 대고, '앞 방틀'부터 상여꾼들이 상여를 멜 수 있게 새끼줄(최근엔 광목천을 많이 사용한다)로 '멜대(멜 끈)'를 4세트(좌우 각각 2세트씩) 만들어 각각의 '홍대'를 지나 '뒷 방틀'로 연결한다. 그리고 관을 올려놓을 수 있는 나무인 '가로쇠 나무' 3개를 2개의 '긴 방틀(장강)' 중간 지점에 가로로 사이에 대어야 하는데, 이는 '긴 방틀' 위에 관을 올리고, 사방으로 '사방끈(새끼로 보통 만든다)'을 길게 빼내어, 관을 묶기 위함이다.

상여의 몸체는 장방형의 하부구조인 '방틀' 위에 상부구조인 '판첨'[11]을 올리게 되는데, '배방목(排方木, 기둥)'으로 지탱되는 4개의 기둥 위에 '판첨'을 '병아리 나사(병아리 못)' 16개로 고정시키게 된다. 이때 '판첨' 내부는 격간(隔間)이 생기게 된다. '판첨'은

---

11) 일반적으로 윗난간이라 지칭한다.

상부에 여러 장식물을 꽂는 '운각(雲閣)' 부분[12]과 '유소(流蘇)'[13]를 다는 '보장(寶帳)'[14] 부분으로 나눌 수 있다. 이에 보통 '유소보장(流蘇寶帳)', 이라고 일컫는다. '운각(雲閣)' 부분은 여러 가지 모양의 단청이 그려진 것으로 '별갑(鱉甲)'[15]과 연결되는 부분이면서 장식물을 꽂는 곳이다. 즉 '판첨' 위에 올리는 '별갑(보개)'은 상여의 몸체에서 가장 상부에 오르는 것으로 지붕의 위치에 자리한 덮개의 형태로 보아 자라의 등처럼 둥근 형태로 생긴 '별갑형(鱉甲形) 덮개' 형태를 가진다. 이 '별갑(鱉甲)'의 맨 가운데에는 '용 아감자'[16]라 하여 배치되어 있으며, 앞뒤로 '용머리' 2개를 꽂는다.

상여의 가장 윗부분에는 상여 본체를 위에서 덮는 천막을 '앙장(仰帳)'[17]이라고 하는데, 앙장은 떠다니는 구름(浮雲)과 차양, 그리고 하늘을 상징하는 것으로 너울너울 높이 날수록 망자가 좋은 곳으로 간다는 의미가 있다 한다. '앙장(仰帳)'은 흰색 바탕에 푸른색 너울을 붙여서 '앙장대'[18] 끝에 달아서 네 귀로 세우게 되어 있다. 보통 사면(四面)에 상황에 따라 '유소(流蘇)'를 달거나 '사롱(紗籠)'[19]을 달기도 한다. 이는 저승으로 가는 길에 빛을 비춰줌과 동시에 화려함을 나타내기 위한 장식이다. 또는 '앙장대' 위

---

12) 상하 2개의 판으로 구성되어, 윗 판은 외반하고 아래 판은 직립하여 경첩으로 연결되어 있다.
13) 기(旗)나 승교(乘轎) 따위에 달던 술. 여기서는 여러 수실과 휘장으로 장식된 상여의 매듭 장식을 말한다.
14) 상여에 둘러치는 휘장을 다는 곳.
15) 자라의 등딱지처럼 만든 관을 가리는 상여의 지붕 덮개. 보개(寶蓋, 관의 뚜껑).
16) 여의주를 물고 있는 용의 형태를 꽂는 자리라고 송문창 선생이 구술 증언하였으나, 현재 용의 형태는 사라졌다.
17) 송문창 선생은 이를 '방장'이라 하였다. '앙장'의 사투리가 아닌가 싶다.
18) 방틀 위에 ×자 모양으로 묶거나 끼워 고정 시키는 대나무.
19) 얇고 발이 성긴 비단, 천으로 만든 바구니처럼 생긴 등.

끝에 '요령'을 매달기도 하는데, 이는 상여꾼이 소리가 나지 않게 평행으로 잘 운구하라는 뜻과 산중의 맹수를 쫓기 위한 용도의 장식이다.

상여(喪輿)의 몸체 4개의 모서리에 꽂는 봉황 형태의 장식품은 '봉두'라 하며, 봉황의 머리 부분을 조각한 것으로 상서로움을 상징하는데 보통 봉황의 부리에 굵은 수술을 늘어뜨리기도 한다. 이처럼 상여의 몸체는 그림이나 문양을 그려 넣거나, 동물상, 인물상과 같은 나무 장식과 꽃, 유소(流蘇) 등으로 직접 꾸며 놓았다.

먼저 동물상을 살펴보면, 많이 등장하는 것은 '용(龍)'이다. 상여의 '용(龍)'은 서수(瑞獸)로서, 죽은 이가 좋은 곳에 갈 수 있도록 '용(龍)'이 인도와 보호를 하는 안내자 역할을 해주기 바라는 염원을 담고 있다. 특히 '용수판(龍首板, '서촌상여'에는 예전부터 원래 없었는지 분실되었는지 보이질 않는다)'의 경우, '황룡'이 앞에 있으면 죽은 이가 남자이고 '청룡'이 앞에 있으면 죽은 이가 여자임을 나타낸다고 한다. '봉황' 또한 용과 같은 서수로, 죽은 이를 좋은 곳으로 인도하는 안내자 역할을 해주기 바라는 염원을 담아 장식하였으며, 이외에 몸체에 '저승새'라 하여 여러 마리의 새들을 그려 넣어 배치한 예도 보이는데, 이 또한 망자가 저승길을 잘 인도받기를 바라며 장식하였다.

인물상은 상여 장식 중 대다수를 차지하며, 특별히 '꼭두'라고 불린다. '꼭두'는 인형(人形)을 칭하는 우리 옛말이다. '서촌상여'의 '꼭두'는 총 10개가 남아 있으며, 저승 가는 길을 화려한 행차로 장식하며 죽은 이를 호위하고 천도(薦度)하여 극락세계로 이끌기 위한 역할을 한다. 이외에도 상여에 '연꽃'을 장식하여 불교의 연화화생(蓮花化生)을 소망하기도 하였으며, 상여의 하단 부분은 상여를 직접 멜 수 있는 '멜대(멜 끈)'가 있는데 이 부분은 특별한 장식을 하지 않는다.

옛날에는 부락마다 상여 한 틀씩을 마련하여 동네에서 조금 떨어진 곳에 상엿집을 지어 보관하였다. 상여를 메는 사람은 상여꾼(상두꾼, 향도꾼)이라 부르며 옛날에는 천민들이 메는 것이 상례였으나 후에는 동네 청년들이나 죽은 이의 친구들이 메게 되었다. 선소리꾼을 비롯한 상두꾼 일체는 흰 옷을 입는다. 삼베로 만든 두건과 상복(조끼)을 두르고, 행전을 치고, 짚신을 신는다. 선소리꾼은 북을 메고 선창을 하며(송문창 선생은 한 때는 다른 지역의 상여 소리를 흉내 내며 요령을 든 적이 있었는데 이는 잘못된 행위이며, 대구·경북 지역에선 무조건 북을 들어야 한다는 구술 증언을 하였다.) 상두꾼들은 어깨에 상여의 '멜대(멜 끈)'를 메고, 선소리꾼의 북소리에 맞추어 대열의 흐트러짐이 없도록 후창하면서 이동한다.

연행(演行) 시 복색을 갖추는 인물들로 상주(남상주, 여상주), 조문객, 상두꾼, 선소리꾼, 마을사람들이 있으며, 남상주는 남자 상복[20]을 입고 두건을 쓰고 수질[21]을 하며, 여상주는 여자 상복[22]을 입고 포건[23]을 쓴 후 수질을 한다. 상복은 상제나 복인이 입는 예

---

20) 최의. 굴건제복.
21) 머리에 두르는 테.
22) 저고리와 치마.
23) 황색머리 쓰개.

복으로 옷감은 거친 마포로 만든다. 소매는 넓게 가슴 왼편에는 눈물받이를 달고 허리에는 요질[24]을 두르며, 작지[25]를 짚고 곡을 하면서 이동한다.

5. 연희 순서와 편성

① 공산농요

연희의 편성은 제일 앞에 농기 1명, 단기 1명을 선두로 하여, 꽹과리 1~2명, 징 1~2명, 북 여러 명, 장구 여러 명 순으로 풍물 연희자(演戲者)들이 앞장을 서고(고딩이 1명은 입장할 때 줄을 서지 않고, 따로 연주를 한다), 뒤이어 도롱이(우장, 雨裝)를 어깨와 등에 걸치고, 삿갓을 오른손에 들고 팔을 휘저으며 춤을 추는 농요 연희자(演戲者)들 여러 명이 선다. 그리고 제일 뒤 쪽에 단지와 광주리를 머리에 인 아낙네 소수가 뒤 따르며 입장을 한다.

1줄(또는 2줄)로 입장을 하다가 농기와 단기가 연희장 한쪽에 자리를 잡으면, 모든 연희자(演戲者)들이 정면을 향해 인사를 한다. 연희장 중앙은 비워 둔 채 연희장의 가장 뒤 쪽에 농요 도구와 풍물 도구를 줄을 세워 가지런하게 내려놓고 연희를 준비한다.

준비가 다 되면, 연희자들이 중앙(마당)으로 나와서 연희를 시작하는데 〈입피리〉, 〈어사용〉, 〈가래 소리〉, 〈망깨 소리〉, 〈타작 소리〉, 〈모찌기 소리〉, 〈모심기 소리〉, 〈논매기 소리〉, 〈전례〉, 〈칭칭이〉,

---

24) 허리띠.
25) 지팡이. 아버지 사망인 경우 대나무 지팡이를 사용하고, 어머니 사망인 경우 버드나무 지팡이를 사용한다.

〈방아 소리〉, 〈벼 베기 소리〉 순으로 진행된다. (〈방아 소리〉와 〈벼 베기 소리〉는 최근 연행에서 빠져 있으며, 공식적으로 2017년 현재 까지 아직 연희된 적이 없다)

② 서촌상여

연희 순서는 출상 순서에 따라 보통 〈발인제 소리(서창(序唱)소리)〉, 긴 상여 소리인 〈행상(行喪) 소리〉, 잦은 상여 소리인 〈월천다리〉, 〈소랫질〉, 〈팔부능선〉, 〈달구 소리〉 순으로 진행되며, 중간에 '노제'를 실시하기도 한다. 연희의 편성(상여운구 행렬)은 방상시(方相氏)-명정(銘旌)-영여(靈輿, 또는 혼백, 영정사진)-만장(輓章)-공포(功佈)-상여(喪輿)-남상주·여상주-백관-마을사람들 등의 문상객 순으로 입장하며 길을 나선다.

상여 연희자(演戱者)들은 방상시 1명, 명정 1명, 영여 2명, 만장 1명, 공포 1명, 상여는 32명(대틀일 경우, 각각 좌측에 2열, 우측에 2열로 하여 8명이 4열종대로 편성이 된다)이 줄을 서서 상여를 메며, 이외에 상주와 마을 사람들 등이 뒤따른다.

'방상시(方相氏)' 26)는 장례 행렬의 맨 앞에서 귀신을 쫓고 영구를 인도하며 묘지에 이르면 제일 먼저 광내(壙內)로 들어가 사방 모퉁이를 창으로 쳐 잡귀와 액을 쫓는다. 보통 복색은 검은색 바탕에 붉은색 소매를 댄 옷을 입는다.

---

26) '서촌상여'에는 도구가 현재 보존되지 않고 있다. 이에 방상시를 빼고 입장을 하는 경우가 많다.

'명정(銘旌)'은 망자의 관위(官位)나 성명(姓名)을 붉은 비단에 쓴 깃발이다. 명정은 빈소의 동쪽에 세워두고 행상할 때는 영여 앞에 서서 간다. 장지에 도착해서는 하관을 한 후 관 위를 덮어서 고인의 신분을 나타낸다. '명정'은 신분에 따라 크기가 다르나 글자는 신분의 구별 없이 똑같이 쓴다. 명정은 보통 남자는 '모관모공지구(某官某公之柩)', 여자는 '모봉모관모씨지구(某封某貫某氏之柩)'라고 쓰며, 관직이 없는 남자는 학생(學生), 부인은 봉작이 없으면 유인(孺人)이라고 쓴다.

  '영여(靈輿)'는 시체를 묻은 뒤 혼백과 신주(神主)를 모시고 돌아오는 작은 가마로 '요여(腰輿)'라고도 한다. 민간에서 '요여(腰輿)' 속에 혼백이나 영정 사진을 모시고 옷, 담뱃대, 신발을 넣기도 하며 묘역이 끝난 후 혼령이나 사진을 모시고 돌아온다. 최근에는 요여를 고인의 손자들이 메기도 한다.

  '만장(輓章)'은 죽은 사람을 애도하는 글을 쓴 천으로 '만사(輓詞)'라고도 한다. '만(輓)'이란 앞에서 끈다는 의미로 상여가 떠날 때 만장을 앞세워 장지로 향한다는 의미이다. 만장에는 고인의 생전 시 공덕을 기려 좋은 곳으로 갈 것을 인도한다는 의미도 있다. '만장(輓章)'의 형식은 오언절구와 오언율시 또는 칠언절구와 칠언율시로 쓰는 것이 일반적이다. 때로는 고시체를 본떠서 장문시의 글을 짓거나 4자체로 쓰기도 한다. 만장의 내용은 망인의 학덕, 이력, 선행, 문장, 직위에 대한 칭송과 망인과 본인의 친분 관계를 표시한다. 평소에 다정하게 지냈던 일이나 특별한 일을 떠올려 두 사람의 관계를 밝히는 내용도 있다. '만장(輓章)'은 대체로 길이는 8

자, 폭은 2자 내외, 색상은 백, 청, 홍, 황 등 다양하다. 만장의 상하는 작은 축대를 사용하고 대나무로 깃대를 만든다.

'공포(功布)'는 굵은 베로 만든 5~6척의 천으로 발인 시 대나무에 매달아 '축관(祝官)'[27]이 상여 앞에서 들고 간다. 장지에서 관을 묻을 때는 닦는 용도로 사용한다. '명정(銘旌)'과 함께 발인하는 길의 상황을 미리 알려주는 길잡이 구실도 한다.

---

27) 제사 때 축문을 읽는 사람.

II. 공산농요 사설

1. 입피리

① 정의와 개관

〈입피리〉는 풀피리 소리를 입으로 흉내 내어 부르는 노래라 하여 붙여진 이름이다. 〈입피리〉소리는 뒤에 〈어사용〉의 〈갈가마구 소리〉를 이어서 많이 부르고 있어, 〈입피리 어사용〉이라고 하기도 한다.

원래 '풀피리'라 하면 우리나라에서 옛날부터 연주하여 온 민속악기의 하나로, 나무의 껍질이나 잎사귀를 불어 소리를 내는 악기인데, 다른 이름으로 '초적(草笛)', '취금', '초금(草琴)' 등으로 부르기도 한다. 흔히 '풀피리'라 하면 '버들피리'나 '보리피리'에서 볼 수 있는 '호드기'를 연상하지만 '초적'이라 이르는 것은 '호드기'만을 가리키는 것이 아니고 버들잎이나 아까시 나뭇잎처럼 약간 넓고 부드러운 잎을 입술에 말아서 불거나, 포개어 부는 등 다양한 방법으로 연주하는 것을 말한다.

② 특징

'풀피리'는 주로 나무꾼들이 산에서 나무를 하며 많이 불었다고 하는데, 특이하게도 '공산농요'에서는 입술만으로 풀피리 소리를 내었으며, 이를 〈입피리〉, 또는 〈입피리 어사용〉이라고 일컫는다. 송문창 선생은 어렸을 때 물레가 돌아가는 소리를 흉내 내면서 〈입피리〉소리를 연습하고 익혔다고 한다. 더욱이 〈입피리〉소리는 〈이후 소리〉와 함께, 두 가지 소리를 동시에 내어 하나의 소리로 나게 하는 것이 특징인데, 전수를 받고 있는 소리꾼들이 이러한 소리를 내는데 매우 까다롭고 어려워하고 있다. 곡조는 나무꾼 신세타령인 '경상도 메나리' 로 보면 된다.

③ 사설

입피리

2. 어사용

① 정의와 개관

경상도 지역 산악일대에서 나무꾼들이 주로 부르는 소리로, 산에서 나무하거나 풀을 뜯으면서 부르는 '신세 탄식요'로 대부분 독백체이다. 이 노래는 독립된 공간에서 하층민에 의해 주로 가창되었는데 산에서 나무를 하노라면, 늦도록 장가를 가지 못하고 고생만 하는 자신의 신세가 더욱 서럽고 서글퍼서 자연스레 흘러나온 한탄의 소리라 짐작이 된다. 이렇듯 〈어사용〉대부분의 사설이 직설적이며 자탄적일 수밖에 없었으며, 송문창 선생은 10대부터 지게를 지고 마을 뒷산(팔공산)에 나무하러 다니면서 지게 작대기로 지게 목발을 두드리며 〈어사용〉을 불렀다고 한다. 이런 노래는 주로 혼자서 부르고, 당시엔 누가 들으면 해롭다고 하였으며, 또한 형식이 산만하여 음보다 행의 구분이 확실하지 않은 노래가 많으며, 마치 사설시조처럼 길게 이어진다. 이처럼 길게 빼는 구슬픈 곡조는 흔히 '메나리'라고 하는 것과 상통한다.

〈어사용〉은 〈어산영(魚山永)〉, 〈어사령〉, 〈어새이(樵夫歌)〉, 〈초부가(산에서 나무하는 사내의 노래)〉 등으로 칭하는데, 〈어사용〉은 〈어산영〉일 가능성이 높을 것이라고 민속학자들은 주장한다. 왜냐하면 '범패'의 또 다른 명칭인 '어산(魚山)'과, '영(永, 노래하다)'이 결합된 단어로, 특히 '팔공산 범패음악'의 선율과 〈어사용〉의 선율이 매우 흡사하기 때문이다. 그러나 송문창 선생의 구술 증언에 의하면 〈어사용〉이라고 칭하는 이유는 '어~'라는 가사가 노래 곳곳에 등장하고 이런 '어'를 '사용'해서 노래를 부른다는 의미로 〈어사용〉이라 한다 하였으며, '공산농요'에 있어서 〈어사용〉은 〈벼 베기 소리(나락 베는 소리)〉와 같은 가락이다.

② 특징

〈어사용〉은 독백체 통절형식으로 선율은 '메나리조' [28]이며, 슬픈 가락과 가창법이 어우러져 소리가 청승스럽고 애절하다. 즉 경상도 지역의 토속민요 중에서도 지역성이 강하고 가락과 가창법이 독특하여 지역의 민요를 대표하는 소리로 손색이 없으며, 경상도 토속민요의 성격을 잘 파악하고 있어, 조선시대 하층민의 삶을 이해하는 자료로서도 유용하다.

특히 가식되지 않은 직설적 자탄은 남성 하층민의 삶을 이해하는 중요한 특징으로 평가되며, 자탄류 시가(詩歌)의 작시 원리를 살피는데 적합하다. 즉 사설 유형이 다양한 말의 마디나 구절을 띠고 있

---

28) 경상도조. 한반도동부지역에서 전승된 민요·무가·기악 등에서 가장 많이 나타나는 음계이자 선율로, '메나리토리'라고 부르기도 한다. 경상도 지역의 경우 가장 기층음악인 토속민요와 무가 외 기악곡, 통속민요, 곡소리, 장사꾼이 외치는 소리 등에도 대부분 메나리토리가 나타난다.

다는 점, 독백의 서술구조가 유형화되고 적절히 활용되고 있는 점, 골계(滑稽)[29]에 의해 스스로의 비극을 적절하게 차단하는 점 등은 개인 한탄류의 시가(詩歌)가 가지는 특징이라 할 수 있다.

③ 사설

공산농요의 〈어사용〉에는 〈갈가마구 소리〉, 〈봉덕이 노래〉, 〈과부 노래〉, 〈나물 노래〉 등이 존재한다. 그 중에서 〈갈가마구 소리〉가 가장 기본형인데, 이 소리의 구성을 보면, 먼 산신령격인 〈갈가마구〉를 청하는 ① 「서사 단계」로 시작한다. '공산농요'의 경우 보통 첫소리가 '의양땅 갈가마구야 이 내 소식을 전해다오'로 시작하는 것이 일반적이며, 어떤 사건이나 상황을 시간의 흐름에 따라 있는 그대로 적고자 하였다.

그 다음은 ② 「풀이·기원 단계」로 '풀이'와 '기원'의 신세 한탄 내용으로 나열하며, 그 한탄 내용을 살펴보면 태어난 것에 대한 비애, 힘겨운 노동에 대한 괴로움과 고달픔, 짝 없음의 한탄과 애정에 대한 욕망, 신분 차별, 병을 얻고 늙음에 대한 원망, 자식과 배우자의 죽음에 대한 안타까움 등이 대다수다.

마지막으로 ③ 「이후 소리 단계」인데 향가나 시조의 '차사(嗟辭)'[30]처럼 종장(終章)의 감탄구(향가뿐만 아니라 고려속요, 시조, 가사, 경기체가 등 우리 시가의 전반에 나타남)와 같은 역할을 하는

---

29) 일부러 남을 웃기려는 행동이나 말.
30) 슬픈 마음을 표현하는 감탄사. 시가 형식에 나타나는 중요한 특질로, 이 감탄어를 「삼국유사」나「균여전」에서는 '차사'로 기록하고 있다.

〈이후 소리〉로 마무리하는 3단계 구성의 제의적(祭衣的) 성격을 지니면서 전승되어 왔다.

〈이후 소리〉는 나물을 캔다든지, 산에서 일을 한다든지 할 때 소리꾼 스스로 힘을 내기 위해서 실시하는 추임새 역할을 하지만, 이런 독특하고 특이한 추임새를 넣는 것은 아주 높은 고주파의 가성을 규칙적으로 계속 내어줌으로써 산짐승들의 접근을 막는다는 의미도 있었다. 또한 조용한 산중에서 큰 소리보다 이렇게 높은 소리가 더 멀리 퍼져 나가는데, 다른 사람들에게 소리를 전달하거나 위치를 확인할 수 있게 하는 역할까지 하였다. 혹자는 산속에서 '이후' 라는 상상의 무서운 짐승을 불러서 다른 산속의 무서운 짐승을 물리치기 위한 것이라는 의견도 있었다.

〈갈가마구 소리〉는 이처럼 나무꾼들의 신세를 까마귀에 비유하고, 노래 부르는 이의 심정처럼 을씨년스럽게 묘사하여 노래하는 것이 특징이다. 까마귀는 민요·무가 등 많은 구전시가에서 소재가 되고 있는데, 이와 같이 까마귀는 민가 주변이나 산간지방에서 흔히 볼 수 있는 새로서, 신의 의지를 전달하는 신령스러운 능력과 죽음이나 질병을 암시하는 불길함의 상징이라는 양면성을 가지고 우리들의 정서에 자리하고 있다.

최근(1999년 이후) 송문창 선생은 〈어사용〉 중 〈갈가마구 소리 Ⅰ〉의 앞부분 4구절을 빼고, 〈갈가마구 소리 Ⅱ〉로 노래를 부르는 경우가 많아지고 있으며, 보통 이를 〈어사용〉이라고 한다. 이처럼 〈어사용〉에는 〈갈가마구 소리 Ⅰ〉, 〈갈가마구 소리 Ⅱ〉, 〈봉덕이 노래〉, 〈과부 노래〉, 〈나물 노래〉 등을 포함하고 있지만, 실제로 '공산농요' 연희자(演戱者)들은 〈갈가마구 소리Ⅱ〉를 〈어사용〉이 라 부르고 있다. 또한 〈나물 노래〉의 마지막 가사에 〈갈가마구 소 리〉의 사설이 일부 나타나고 있는 것도 주목할 만한 부분이다.

〈갈가마구 소리 Ⅰ〉

히~ 어히~
의양땅 갈가마구야 이 내 소식을 전해다오
히요 으~ 날라가는 저 기럭아 이 내 소식을 전해다오
히에 ~ 산은 내 산이요 물은 내 물이 아니로다
주야장천 흘러가는 물을 내 물이라꼬 할 수 있나 후여 어흐흐히 ~
바람아 강풍아 불지 말어라 서풍에 낙엽이 다 떨어진다 어 후~
이효 우혀 우혀 으~슬프다
우리 낭군님은 점슴 굶고 나무하러갔네
이효 오호 의복이 남루하니 골목 출입이 번개로데 이효
어떤 사람은 팔자 좋아 고대광실 높은 집에 희롱하며 살건만은
이효~ 내 팔자는 왜 이러노 죽자니 청춘이요 살자니 고생이데이
이효~ 호 명사십리 해당화야 꽃 진다고 설워마소
이효~ 이후 명년 삼월 또 다친데 명년 삼월 또 다친데이
이효~ 명사십리 해당화야 꽃 진다고 설워마소~

■ 각주 ■
- 의양땅 : 의영을 지칭하는 말로 의성의 옛 이름이다.

- 갈가마구 : 갈까마귀. 목덜미는 회색이며 진주 같은 눈을 가지고 있다. 몸 길이가 약 33㎝ 정도 되며 나무 구멍이나 절벽, 높은 건물 등에 무리지어 번식하고 그 주위를 날아다니며, '책책' 거리고 운다.

- 날라가는 : 날아가는.

- 기럭아 : 기러기야.

- 소식을 전해다오 : 송문창 선생 구술 증언에 의하면, 망자에게 하소연 하는 것이라 한다.

- 산은 내 산이요 물은 내 물이 아니로다 : 산은 내(가창자)가 항상 오는 곳이라 어제도 오늘도 변함이 없지만, 물은 흘러가는 것이기에, 변하는 존재인지라 내 것이 아니란 말.

- 주야장천 : 晝夜長川. 동양의 고전 「논어(論語)」에서 유래하는 사자성어로 '밤낮없이 흐르는 긴 강물' 이란 말로, 꾸준함을 뜻한다. 즉 '밤낮으로 쉬지 않고 계속하여' 라는 뜻을 가지고 있다. 유의어로 '주구장창(쉼 없이 줄곧)' 이 있다.

- 서풍(에) 낙엽이 떨어진다 : 그 모습이 너무 쓸쓸하다.

- 낭군 : 郎君. 예전에 젊은 아내가 남편을 사랑스럽게 이르던 말.

- 점슴 : 점심.

- 남루 : 襤褸. 낡고 해져서 허름하고 너절하다.

- 의복이 남루하니 골목출입(길)이 번개로데 : 의복이 낡고 헤져서 허름하니, 골목을 왕복하는데 있어서 남들이 이런 행색을 볼지 몰라, 빠르게 지나 가야할 만큼 구차하고 부끄럽다.

- 고대광실 : 高臺廣室. 높은 누대(樓臺. 크고 높게 지은 정자나 누각 또는 높은 건물). 높고 넓은 집이라는 뜻으로, 크고 좋은 집을 이르는 말.

- 희롱 : 戲弄. 말이나 행동으로 실없이 놀림이라는 뜻을 지니고 있으며, 이 가사에서는 '자랑'이라는 말도 포함하고 있는 듯하다.
- 죽자니 청춘이요 살자니 고생이데이 : 생불여사(生不如死). 살아있는 것이 오히려 죽은 것만 못한 것이다. '삶이 희망 없이 고될 때' 주로 하는 말로 '죽지 못해 살아간다.'라는 뜻이다.
- 명사십리 : 明沙十里. 십리 구간에 펼쳐진 이름난 사취(砂嘴)라는 뜻에서 명사십리라고 한다. 명사십리는 북쪽의 송도원해수욕장(松濤園海水浴場)과 더불어 수심이 얕은 좋은 해수욕장으로, 금강산·석왕사(釋王寺)·삼방협곡(三防陜谷) 등의 관광휴양지와 더불어 하나의 관광권을 형성하는 북쪽 강원도 원산시 용천리에 있는 백사장을 지칭한다.
- 해당화 : 해당화는 멀리 고려시대 이전부터 아름다운 자태를 노래하던 꽃나무다. 북한의 원산 남동쪽에 있는 명사십리는 바닷가 약 8킬로미터가 넘게 펼쳐진 흰 모래밭으로 전국에 알려진 해수욕장에 해당화가 해수욕장을 가로질러 붉게 피어 있고, 뒤이어 긴 띠를 이루어 곰솔숲이 이어지며, 흰모래와 어우러진 옥빛 바다는 명사십리의 아름다움을 더해 주는 명물이라고 알려져 있다.
- 명사십리 해당화야 꽃 진다고 설워마소 : 이곳의 해당화는 너무나 유명하여 고전소설「장끼전」에도 '명사십리 해당화야, 꽃 진다고 한탄 마라. 너야 내년 봄이면 다시 피려니와 우리 님 이번 가면 다시 오기 어려워라'는 내용이 나온다.
- 명년 : 明年. 올해의 바로 다음에 오는 해.
- 명년 삼월 또 다친데 : 내년 삼월이면 해당화가 또 닥쳐 올 것이니 (또 다시 필 것이니) 꽃이 진다고 슬퍼마라.

갈가마구 소리 I

주야 장천 흘러간 물은

내 물이라 꼬

할 수 있 나 후 후 여

어 흐 흐 히

바람 아 강 풍아 불지 말어 라

서 풍에 낙엽이

다 떨어 진 다 오

어 후

이 효 우 혀우 혀 으

슬 프 다 우 리 낭 군 님 고 운

점 승 굼 고

나 무 하리 갔 네

이 효___ 오 호___ 의 복___ 이___

으 음 남 루 하 니___

골 목 출 입 이___

번 개 로 데___

이 효___ 어 떤 사 람 은___ 팔 자 좋___ 아___

고 대 광 실___

높 은___ 집 에___

회 롱___ 하 며___

살 건 만 은___

이 효___ 내 팔___ 자 는 왜 이___ 리 노___

죽 자___ 니___ 청 춘 이 요___

살 자___ 하 니___

고 생 이 데_____ 이_____

이 효____ 호_____ 명 사 십 리_____

해 당 화 야_____

꽃 진 다 고_____

설 워 마 소_____

이 효____ 이 후_____ 명 년 삼 월_____

또 다 친 데_____

명 년 삼 월_____

또 다 친 데_____ 이_____

이 효____ 명 사 십 리 해 당 화 야_____

꽃 진 다 고_____

설 워 마 소_____

- 1994년 소리 녹음 -

〈갈가마구 소리 II - 어사용〉

이히~~~

어히~ 바람아 강풍아 불지 마러래이 서풍낙엽이 다 떨어진데
슬프다 우리 낭군님은 점슴 굶고 나무하러 갔네
비 맞았는 저 소똥은 벌기 묵었는 쌈지 겉고
기갈에 그 간식은 개떡도 꿀맛이요
의복이 남루하니 골목 출입(길)이 번개로데

배가 고파 지은 밥은 돌도 많고 미도 많데이
돌 많고 미 많은 것은 어미 없는 탓이로다
백설 같은 흰 나비는 부모님 몽상을 입었는지
소복단장 곱게 하고 잔모래(백모래) 밭을 날아드네

어떤 사람은 팔자 좋아 고대광실 높은 집에 희롱하며 살건마는
니 날 적에 나도 나고 내 날 적에 너도 낳는데
이내 팔자는 와 이럴꼬
짚신짝도 짝 있는데 이내 나는 짝도 없노
만첩산중 고목나무는 겉이 썩어야 넘이 알지
니 속 내 속 다 썩는 줄을 어느 누구가 알아주리

봉봉이 두견하니 골골마다 생화초래이
나물 묵고 물마시고 팔을 비고 누웠으니
대장부야 살림살이가 이만하면 넉넉하지요

어제같이 청춘이건만은 오늘 이날에 백발되었네

　　(이팔청춘 소년들아 백발보고 웃지마래이)

빈 손으로 태어나서 빈 손으로 돌아간데이

공수(래)에 공수(거)래이-

* 노래 사설의 순서나 곡조는 그 날 그 날의 분위기나 흥에 따라 달라진다. 이에 본 저자는 가장 보편적인 순서로 가사를 채록하였음을 밝힌다. 그리고 최근 공산농요의 〈어사용〉소리는 주로 위의 사설이 가장 많이 불려지고 있다.

■ 각주 ■

- 벌기 : 벌레.
- 쌈지 : 담배나 부시 등을 담기 위하여 종이나 헝겊, 가죽 따위로 만든 주머니.
- 기갈 : 飢渴. 배고픔과 목마름을 아울러 이르는 말로 허기가 나면 갈 만났다라고 한다. 즉 배가 고파 넘어갈 지경에 이른 상태를 지칭한다.
- 개떡 : 1940년 『조선요리』에서 '보릿가루, 콩, 소금, 옥수수 잎(수수가루, 밀가루, 풋콩, 콩)을 재료로 주로 춘궁기에 많이 만들어 먹던 떡으로써 시골에서 손쉽게 만들어 간식으로 즐기는 떡이다' 라고 기록되어 있어 구황음식(흉년 등으로 식재료가 부족할 때 주식 대용으로 먹는 음식)의 하나로 이용되었음을 알 수 있다.
- 미 : 벼 알의 겉껍질인 왕겨와 현미의 겨층(종피 및 호분층). 나락이 그대로 남아있는 상태(당시에 절구질을 아무리 해도 미는 남아 있었다고 함)를 말한다.

- 백설 : 白雪. 하얀 눈.
- 몽상 : 蒙喪. '상복(흰 옷)을 입다.' 라는 뜻으로 '부모가 죽어 상복을 입었다' 는 뜻이다.
- 소복단장 : 素服丹粧. 아래위를 흰옷으로 차리고 몸을 곱게 꾸밈.
- 잔모래 밭으로 : 상주는 좋은 것을 피하기 위해, 꽃밭은 안가고 잔(백)모래 밭에 날아든다 하였다. 가끔 '잔모래 밭' 이 아닌 '짱다래 밭' 이라는 가사를 사용하기도 하는데, '짱다래 밭' 이란 '장다리 밭' 을 말하며, 무, 배추 따위의 꽃줄기가 자라있는 밭을 말한다.
- 만첩산중 : 萬疊山中. 겹겹이 둘러싸인 깊은 산속.
- 고목나무 : 古木. 오래 묵어 나이가 많고 키가 큰 나무.
- 봉봉이 두견하니 : 봉우리 봉우리마다 두견새(杜鵑, 같은 말로 두견이 또는 두견새라고도 하는 뻐꾸기과의 새)를 지칭하는 것 같았으나, 송문창 선생의 구술증언에 의하면 '봉우리와 봉우리 두 개를 바라보니' 라는 뜻으로 해석이 되었다.
- 골골마다 : 골짜기 골짜기 마다.
- 생화초 : 生花草. 살아 있는 싱싱한 꽃과 풀.
- 나물 먹고 물 마시고 팔을 베고 누웠으니 대장부 살림살이 이만하면 넉넉할까 : 조선시대 작자 미상의 판소리 단가 형식의 〈강상풍월(江上風月)〉에 등장하는 가사.
- 이팔청춘 : 二八靑春. 16세 전후의 젊은 나이.
- 공수래 공수거 : 空手來 空手去. 빈손으로 왔다가 빈손으로 간다는 뜻으로, 사람이 재물에 욕심을 부릴 필요가 없음을 이르는 말.

갈가마구 소리 II - 어사용

슬 프 다

우 리 낭 군 님 은

짐 승 굶 고

나 무 하 러 갔 네

이 효

비 맞 았 는

저 소 똥 은

벌 기 묵 었 는

쌈 지 걸 고

어 히 기 갈 에

그 간 식 은 개 먹 도

꿀 맛 이 요

니 날 적 에

나 도 나 고

내 날 적 에 너 도 낳 는 데

에 히 이 내 팔 자 는

와 이 럴 꼬 우 후 여

허 흐 흐 히

이 효

짚 신 짝 도

짝 있 는 데 이 내 나 는

짝 도 없 노

이 효

만 첩 산 중

팔__ 을 비 고_____

누 웠 으 니_____

대 장 부 야_____

살림__ 살 이 가_____ 이 만__ 하 면

너 너 하 지 요_____

이 효_____

어 제 같 이_____

청 춘 이 건 만 은_____

오 날 이 날 에 백 발__ 되 었 네_____

어 흐__ 빈 손 으 로_____

태 어__ 나 서_____

빈 손_____ 으__ 로_____

경상도 지역에 고루 퍼져 있는 어사용 종류로 〈봉덕이 노래〉는 흔히 〈앵금쟁이 소리〉라 하여 '앵금(해금)'을 켜면서 노래를 하고 다니던 사람들이 부르던 노래라 한다. 그런데 '공산농요'에서는 〈앵금 소리〉를 악기가 아닌 입으로 흉내 내어 부르곤 하였다.

보통 권번에 거주하던 소리선생들이 많이 부르던 노래이기도 하며, 젊은 과부가 집 나간 의붓딸을 찾아 헤매면서 '신세타령'을 하는 것이 주가 된다. 그런데, 특이하게도 '공산농요'에서는 다른 지방의 일반적인 사설과는 다르게, 후처로 시집 간 여인(계모)이 자신보다 나이 많은 의붓딸과 함께, 집 나간 애비를 찾아 나선다는 내용으로 되어 있어 독특하다고 할 것이다.

⟨봉덕이 노래(타령)⟩

앵금아(능금아) 예~
자~ 오늘 손님 아주사도 오고 여러 손님들 왔으니
오늘 한 곡조 불러봐라(타자, 우리 한 판 놀구로)
예~

이히~이히~히~이히히히~이 (해금 소리 : 애애~애애~앵~애애애
애~애)

강원도 금강산 일만 이천봉 팔만 구암자 앞에
열 아홉 살 묵었는 과부가 스물 아홉 살 묵었는 내 딸을 들고
해는 지고 날 저문 날에 에 허이~
내 딸 봉덕아 어딜 갈꼬 내 딸 봉덕아
에히~ 죽으나 사나 니 애비 찾아가는 내 딸 봉덕아

■ 각주 ■

- 앵금(행금) : 해금.
- 아주사 : あずさ(일본어: 무당)의 뜻이 있긴 하였으나, 송문창 선생
  의 구술증언에 의하면 귀한 손님이라 하였는데, '높은 유지'를 말
  한다 하였다.
- 애애~애애~앵~애애애애~애 : '이히~이히~히~이히히히~이'라는
  ⟨이후 소리⟩ 대신 본격적인 소리에 앞서서 '해금 소리'를 입으로
  흉내 내며 소리를 하기도 한다. 노래 앞의 '전주' 같은 느낌이 나게
  소리를 하는 것이 중요하다고 한다.

- 내 딸을 들고 : 내 딸을 데리고.

봉덕이 노래

이 히_____ 이 히 히 히 이 히 이

강 원 도 금 강 산 일 만__ 이 천 봉

팔 만__ 구 암 자___ 앞 에

열 아 홉 살 묵 었 는 과 부 가

스 물 아 홉 살 묵 은 내 딸__ 을 들 고

해 는 지 고 날 저__ 문 날 에

내 딸 봉__ 덕 아 어 디 를 갈 꼬

내 딸 봉 덕 이 에 히__ 죽 으 나 사 나

니 애 비 찾 아 가 는___ 내 딸__ 봉__ 덕 아

- 2015년 소리 녹음 -

〈과부 노래〉는 〈신(新)중 타령〉, 일명 〈과부 타령〉, 〈시누 타령〉이라고도 하며, 청춘에 과부가 되지 말라는 액막음을 하기 위한 무가가 시집살이 서사민요로 수용되어 변모된 자료이다. 어려서 부모를 잃고 친척집을 전전하며 눈칫밥으로 자란 한 여인이 전장에 나간 남편마저 잃고 눈물로 세월을 보낸다. 시집식구의 오해와 박해를 견디지 못하여 머리를 깎고 절을 찾아갔으나, 절에서 조차 시집을 간 사람이라고 설움을 주고, 청춘과부라고 설움을 준다는 내용이다.

이 노래는 무가로 많이 불리어졌지만 액막이 기능을 가진 고유한 무가라기보다는 팔자가 기구한 한 여인의 한 많은 일생을 노래함으로서, 현실에서 고난과 굶주림과 박해에 시달렸던 많은 여성의 공감을 자아내는 서사시이기 때문에 서민의 사랑을 받는 토속민요이다. 노랫말 중에 일 년 사시의 변화에 따라 님을 그리워하는 모습을 묘사한 부분은 〈사친가〉[31]에서 수용되었으며, 노랫말이 세련되고 한국 여성의 한이 집약된 구비시가로서 문학성이 높은 자료이다.

다른 지역의 〈과부 타령〉을 살펴보면, 각처 절을 찾아가서 설움을 받는 대목(〈중타령〉을 수용한 것이다.)과 남편의 죽음을 영장 받고 군대에 나갔다가 전사한 것으로 표현한 점으로 보아 6·25전쟁 이후에 사설이 최종 완성된 것이 아닌가 판단된다.

---

31) 思親歌. 조선시대 작자·연대 미상의 내방가사(內房歌辭). 월령체의 가사로, 시집 간 여자가 친정부모를 생각하며 읊은 사친(思親)의 내용으로 가사의 구조는 12단으로 분단(分段)되어 일 년 열두 달, 매 절기, 매 명절마다 사친을 한다는 내용이다. 달거리 체 형식으로 일 년 열두 달의 명절과 연관시켜 부모님을 생각하고, 잘 섬겨야 한다는 내용을 노래하고 있다.

〈과부 노래(타령)〉

이히 정월이라 대보름날 재수사망을 빌었건만
재수사망은 간 곳이 없고 이내 마음만 불쾌하다.

이월이라 한식절에 개자축에 넋이로다
북망산천 찾어가서 무덤을 안고 통곡을 해도
너 왔나 소리를 아니하네 (무정하다 우리 님아)

삼월이라 삼짇날은 춘추계절이 아닌가배
제비는 내 집을 오고 기러기는 저 집 가고
울은 님은 어들가고 날 찾아올 줄 왜 모르나

사월이라 초파일날 석가모니 탄생일에
집집마다 등을 달고 자손만대를 빌었건만
하늘로 봐야 별을 따지 임 없는 내 몸이 무엇하나

오월이라 단오절에 주천 뛰는 명절인데
수야모야 다 모여서 (양양삼삼 짝을 지어) 주천가자 하건만은
울은 님은 어들가고 주천가자 아니하네

유월이라 유두날은 유두명절이 아닌가배
천만 번 찧었는 절편 올깃 쫄깃도 맛도 좋아
임 없는 빈 방안에 혼자 먹자고 할라하니
등창이 맥혀서 못 먹겠네

칠월이라 칠석인 날 은하작교 가는 명절인데
은하작교 먼먼길에 일 년에 한 번씩 만나건만
울은 님은 어들가고 반 십년 되어도 못 만나네

팔월이라 한가위날 추석명절이 아닌가베
수야모야 다 모여서(양양삼삼 짝을 지어) 달맞이 가자 하건만은
울은 님은 어들가고 달맞이 가자 아니하네

구월 국화 굳은 잎은 시월 단풍에 다 떨어지고
오동지 섣달 오시는 손님 그 무엇을 대접하리
변변치 못한 막걸리망정 여러 손님께 올라오니
이 술 한잔에 맘 변치 말고 일후에 또 오시길 바랍니다.

■ 각주 ■

- 재수 : 財數. 재물이나 좋은 일이 생길 수 있는 운수(運數).
- 재수사망 : 불교식으로 재수를 기원하는 것이 '재수발원(財數發願)'이고 재수를 빌기 위해서 부처님께 불공을 드리는 것은 '재수불공'이다. 재수를 빌기 위해서는 무당에게 굿을 의뢰하는 경우가 보통이다. 이것은 개인의 재수보다는 한 집의 재수를 비는 것이다. 가족 중에 상업을 하거나 주된 수입을 담당하는 가족원을 위한 굿처럼 강조되는 경우라도 역시 가족 전체를 위한 종합적이고 복합적인 굿이 된다. '재수굿'이라 하여 어느 일정한 신에게만 재물을 바치고 굿을 하는 것이 아니고 역시 전체적으로 모든 신들을 모시는 것으로 되어 있다. 그것은 '재수'라고 하여도 재물만 풍족하면 되는 것이 아니라, 가족원들의 건강은 물론이고 인간관계가 좋아야 하는

등 복합적인 원인이 있기 때문에 항상 굿은 복합적으로 행하여진다. 그러나 많은 신들 가운데 특히 집안의 재물을 담당하는 '터줏대감'이 가장 중요한 신으로 모셔진다. 집집마다 뒤뜰에 모셔둔 '터줏가리'가 있는데 '재수굿'에서 주로 이 '터줏신·터줏대감'을 모신다. 즉 무녀가 떡시루에 쇠다리를 얹고 춤을 추면서 '재수사망'을 섬겨주겠다는 무가를 부른다.

- 한식 : 寒食. 동지로부터 105일째 되는 날로 4대 명절의 하나. 청명절(淸明節) 다음날이거나 같은 날이다. 조상 무덤을 보수하고 성묘하는 시기로 여겨진다. 한식에는 불을 쓰지 않고 찬 음식을 먹는 풍속이 있다.

- 개자축 : 개자추. 불에 타 죽은 개자추를 애도하는 뜻에서 임금은 "개자추 죽은 날에는 찬밥을 먹도록 하라"는 명을 내렸다. 즉 불을 지피지 말라는 것이었다. 불이 없으니 찬밥을 먹을 수밖에 없어 이 날을 '한식'이라 부르게 되었다고 한다.

- 삼짇날 : 한국의 명절로서 음력 3월 3일이다. 이 날이 되면 강남 갔던 제비가 다시 돌아온다고 한다. '삼짇날'에는 주로 화전(花煎)을 먹는 풍습이 있다.

- 초파일 : 음력 사월(四月)의 초여드렛 날. 석가모니가 태어난 날을 가리키는 말이다.

- 단오 : 음력 5월 5일. 수릿날·천중절·중오절·단양 등의 다양한 이름이 있다. 예로부터 5월 5일은 가장 양기가 센 날이라고 해서 으뜸 명절로 지내왔다. 농경사회에서 파종을 하고 모를 낸 후 약간의 휴식이 준비되는 시점이 '단오절'이다

- 주천 : 경상도 지방에서는 그네를 '군데' 또는 '주천'이라고 했다. 주로 단오를 전후하여 여자들이 뛰었다. 흔히 마을 어귀나 동네 마

당에 있는 큰 나무와 가지에 굵은 새끼줄이나 동아줄 두 가닥을 어깨 넓이 폭으로 묶어 늘어뜨리고 아래에 나무토막 2개를 맞대고 새끼로 얽어 발판으로 삼은 후 어깨 위치에 손잡이 끈을 매어두면 동네사람들이 수시로 나와 뛰고 놀게 하였다.

- 수야 모야 : 아무 아무. 누구 누구. 어른 아이와 남녀노소 할 것 없이.
- 양양 삼삼 : 두 명씩 세 명씩 짝을 지어.
- 유두 : 流頭. 음력 6월 보름으로, 명절의 하나.
- 등창 : 목과 등에 잘 생기는 일종의 종기로 고름이 피부에 국소적으로 생긴 뾰루지, 즉 부스럼을 말한다.
- 칠석 : 음력 7월 7일. 칠석은 양수인 홀수 7이 겹치는 날이어서 길일로 여긴다. 이 날은 견우(牽牛)와 직녀(織女)가 까막까치들이 놓은 오작교(烏鵲橋)에서 한 해에 한 번씩 만난다는 유래담이 있는 날이다.
- 일후에 : 나중에.

과부 타령

울 은 님 은 어 들____ 가 고____

반 십 년 되 어 도 못 만 나 네

팔 월 이 라 한 가____ 위 날

추 석____ 명 절 이 아 닌 가 베

수 아 모 야 다 모 여 서

달 맞 이 가 자____ 하 건 만 은

울 은 님 은____ 어 들 가____ 고____

달 맞 이____ 가 자____ 아 니 하 네

구 월 국 화 굳 은 잎 은

시 월 단 풍 에 다 떨 어 지 고

오 동 지 섣 달____ 에 오 시 는____ 손 님

그 무 엇____ 을____ 대 접 하 리

60

변변치 못한 막걸리 망정

여러 손 님께 올라오니

이 술 한 잔에 맘 변치 말고

일 후에 또 오시길 바랍니다

- 2014년 소리 녹음 -

일반적으로 혼자 산에 나무하러 가서 부르는 〈갈가마구 소리〉가 남자들이 부르는 대표적인 '신세 타령' 곡이었다면, 부녀자들이 나무를 하러 가거나 나물을 뜯으러 가서 부르는 노래도 있었으니, 이를 〈나물 노래〉, 〈나물 타령〉, 〈나물 뜯는 소리〉, 〈나물 캐기 소리〉 등으로 일컫는다.

〈나물 노래〉는 나물 채취 노동이 활발했던 때의 대표적인 '부녀 노동요' 가운데 하나로, 봄철에 여럿이 모여서 함께 나물을 뜯을 때 〈나물 노래〉를 부르며 노동의 고단함을 달랠 수 있었다. 주로 시집 살이의 고됨을 한탄하는 노랫말로, 여성들이 마음이 답답하고 처량할 때 신세 한탄조로 부르는 부요(婦謠)인 것이다. 이러한 시집살이 노래는 혼자서 흥얼흥얼거리기 때문에 '흥글 소리'라고도 한다.

이렇듯 〈나물 노래〉는 일반적인 여성 노동요와 다르게 집안이 아닌 밖으로 나와서 자연의 홍취를 느끼면서 부를 수 있었던 노래로, 자연과 삶이 노래 속에서 어떻게 결합하여 하나의 작품을 이루게 되었는가를 파악하기에 중요한 자료가 된다. 드넓은 대자연 속에서의 노동이란 사람의 성품마저도 대자연을 닮아 사소한 일에 얽매이기보다는 밝은 미래로의 희망을 꿈꿀 수 있는 여유를 가지게 한다. '공산농요'의 〈나물 노래〉는 특이하게도 마지막 가사부분이 어사용의 〈갈가마구 소리 Ⅰ〉 내용을 차용하고 있다.

〈나물 노래〉

가세 가세 나물가세 불탄 공산에 나물 가세
앞 집에 박도령아 뒷 집에 김도령아
불탄 공산을 나물가세

올러가면 올고사리 니려오면 늦고사리
줌줌줌 끊어다가 저치 저치 담아놓고

산천나물을 다 먹어서 기미 곡절을 모르니(고)
시잡살이 십년 살아도 시어른 성품을 모리겠네

후야 후야 가마구야 날 드리 가거라 날 모시 가거라
어영땅 갈가마구야~

■ 각주 ■

- 불탄 공산 : 산불이 난 후의 팔공산. 산불이 난 후에 나물이 많고, 뜯기도 좋음을 말하려 하였음.
- 올라가면 올고사리 니려오면 늦고사리 : 산을 올라갈 때는 크게 보이는 고사리를 뜯고, 산을 내려올 때는 올라갈 때 보지 못한 작은 고사리를 뜯는다는 뜻.
- 올고사리 : 큰 고사리.
- 늦고사리 : 작은 고사리.
- 줌줌줌 : 한 움큼.
- 저치 저치 : 구석구석 따로따로.
- 다 먹어서 : 다 먹어도.
- 기미 : '느낌으로 알아차릴 수 있는 일이나 상황의 되어 가는 형편'을 뜻하는 것이 아닌가 하였으나, 송문창 선생 구술증언에 의하면 '기미' 라는 나물이 있다고 한다.
- 곡절 : 曲折. 이런저런 복잡한 사정이나 이유.
- 기미 곡절 모르니 : '기미와 곡절을 모르니' 라고 뜻풀이 할 수 있으나, 송문창 선생 구술 증언에 의하면 '기미' 라는 나물이 어떻게 자랐는지 모른다' 라는 뜻이라고 한다.
- 모리겠네 : 모르겠네.
- 날 드리 : 날 들고. 날 데리고.
- 날 모시 : 날 모시고.

나물 노래

기 미 곡 절____ 모 르____ 고

시 집 살 이 십 년 살 아 도____

시 어 른 성 품 을 모 리____ 겠 네

후 야____ 후 야____ 가 마 구 야

날 드 리____ 가 거 라____

날 모 시 가 거 라____

어 영____ 땅 갈 가 마 구 야

- 2014년 소리 녹음 -

3. 가래 소리

① 정의와 개관

농요(農謠)의 하나. 논에서 물을 퍼내거나 흙을 퍼낼 때 가래질을 하면서 부르는 소리이다. '가래'는 주로 흙을 파헤치거나 떠서 던지는 농기구이다. '가래'는 삽처럼 생긴 가랫날에 양 귀퉁이를 새끼 끈으로 묶어서 양쪽에서 잡아당기고 나머지 한 사람은 가래손잡이를 붙들고 힘과 방향을 조절한다.

'가래'를 사용하면 흙을 멀리 던져 보낼 수 있고, 흙을 퍼 올리는 힘든 일도 쉽게 할 수 있다. 이 같은 외가래뿐만 아니라 가랫날 2개가 쌍으로 붙은 것을 6명이 달라붙어 큰 토목공사에 쓰이는 육목가래도 있다. 논농사 이외에도 보를 쌓는 일, 무덤을 파는 일 등에도 사용했다. 가래는 나무 가래와 쇠가래 등이 있다. 예전의 가랫날은 나무판을 깎아서 테두리에 쇠를 끼웠다. 이는 쇠가 귀하던 시절에 날 부분에만 쇠를 붙이고 매년 무뎌진 날은 대장간에서 갈아 끼운 데서 유래한 것이다.

 17세기의 「역어해류(譯語解類)」에 나오는 철침은 '쇠가래'를 뜻하며, 둥근나무에 반달 모양의 날을 끼워 쓰던 가래이다. 목침은 '나모가래'라 하여 '넉가래'를 지칭한다. 가래는 현재에는 거의 사용되지 않고 있으나 농경사회에서는 중요한 농기구였다. 또한 가래질을 할 때 호흡도 맞출 겸 노래를 부르는데 이를 〈가래 소리〉 또는 〈가래질 소리〉라 한다.

 ② 특징
 보통 흙을 떠서 옮기는 일을 '가래질'이라고 하고 가래로 떠낸 흙덩이를 '가랫밥'이라고 한다. 또, 가래를 세워 흙을 깎는 일을 '칼가래질', 논둑이나 밭둑을 깎는 일을 '후릿가래질'이라고 한다. 가래로는 소가 들어가지 못하는 진흙 밭이나 물이 많이 나는 논을 갈고, 밭이랑을 일구기도 한다. 또, 흙을 떠서 던지는 데에도 쓰며, 도랑을 치고 논둑을 쌓거나 깎을 때, 집터를 닦거나 기타 공사를 할 때도 많이 쓰인다. 이처럼 '가래질'은 여러 사람의 협동이 필요한 힘든 노동이므로, '가래질'을 하면서 일손의 동작을 통일하고 노동

의 피로를 잊기 위해서 〈가래 소리〉를 했다. 〈가래 소리〉는 주로 한 사람이 앞소리를 하면 여러 사람이 뒷소리를 한다.

　한 사람이 자루를 잡고 흙을 떠서 밀면 양쪽에서 다른 사람들이 그 줄을 당겨 흙을 던진다. 줄의 길이는 대체로 자루의 길이와 비슷하거나 조금 길며, '가래질'은 줄잡이(가래질을 할 때 줄을 당기는 사람, 줄꾼) 여러 사람과 가래장(장부(자루)잡이 한 사람)이 필요하다. 이처럼 '가래질'에 필요한 사람이 모두 세 사람인 '세 손목 한 가래'가 있고, 장부잡이 한 사람과 줄꾼 여섯 사람 등 모두 일곱 사람이 하는 '일곱 목 한 가래', 그리고 두 개의 가래를 연이은 것에 장부꾼 두 사람과 줄잡이 여덟 사람 등 모두 열 사람이 하는 '열 목 가래' 등이 있다.

　'공산농요'에서는 주로 봄철 논농사가 시작되기 전에 보(洑)의 수로를 틔우고 둑을 쌓을 때 부르는 노래로 많이 사용되었으며 이에 〈논도랑 가래질 소리〉라고도 일컫는다. 공산농요의 〈가래 소리〉는 흙을 뜰 때 부르는 소리, 〈흙 뜨기 노래〉로 가래로 흙을 파헤치고 뜨면서 부르는 노래이다. 주로 가랫자루를 잡은 사람이 앞소리꾼이 되고, 가랫줄을 잡은 다른 사람들이 뒷소리꾼이 된다. 이처럼 가래를 사용한다하여 〈가래 소리〉, 〈가래질 소리〉라고 부른다.

③ 사설
〈가래 소리〉

(앞소리)　　　　　　　　(뒷소리)
오 호 호 가래요　　　　　오 호 호 가래요

이 가래가 누 가래고
우리 농부 한몫 가래
은가래는 은줄매고
목가래는 노줄매여
한몫일심 당겨주소
동남간에 가래장은
서남간을 보내주소
서남간에 가래장은
한가운들 모아주소
모아보세 모아보세
태산같이 모아보세
태산같이 다 모았네
(평양기생 속곳가래)

■ 각주 ■

- 한 몫 : 한 사람에게 부여된 역할이나 임무. 농부 1몫과 가래 1몫이
  같다.
- 은가래 : 가래 앞에 쇠를 반달 모양으로 박아 넣은 가래. '목 가래
  (나무 가래)' 에 비하여 '고급 가래' 라는 말임.
- 노줄(놋줄) : 가래에 맨 줄을 말함. 사전적 의미로는 갓끈(칡 껍데
  기, 삼, 마루 껍데기, 닥나무 등)으로 만든 줄을 말한다.
- 한몫 일심 당겨주소 : 같이 안 당기면 안 된다는, 즉 협동을 해야 한
  다는 뜻.
- 가래장 : 장부꾼. 장부잡이. 가랫장부를 잡는 한 사람. 가래나무를
  쥐는 사람.

- 줄잡이 : 가래질을 할 때, 줄을 당기는 사람.
- 평양 기생 속곳가래 : 가끔 송문창 선생이 그날 분위기에 따라 흥을 돋우거나 웃음을 주기 위해 넣는 가사이다.

가래 소리

우 리___ 농 부___ 한 몫___ 가 래

오 호 호 가 래 요

은 가___ 래 는___ 은 줄___ 매 고

오 호 호 가 래 요

목 가___ 래 는___ 노 줄 매 여

오 호 호 가 래 요

모 아 보 세 모 아 보 세

오 호 호 가 래 요

태 산 같 이 모 아 보 세

오 호 호 가 래 요

- 2010년 소리 녹음 -

4. 망깨 소리

① 정의와 개관

옛날 선조들은 집터를 다지거나, 저수지의 못 막이를 하거나, 다리를 놓거나, 큰 집을 지을 때 터의 침하를 막기 위하여 '망깨'를 가지고 땅을 단단하게 다지는 작업을 하였다. '망깨'란 큰 바위돌이나 큰 통나무토막에 손잡이 달거나 또는 질긴 줄을 매어 들었다 놓았다 하며 땅을 다지는 기구이다. '망깨'는 대단히 무겁기 때문에 많은 사람들이 동시에 손잡이를 잡고 들어 올리거나, 줄을 당기거나 놓지 않으면 쉽게 들어 올릴 수도 없고 또 말뚝을 박는 효과도 줄어든다. '망깨'를 다룰 때는 일사불란(一絲不亂)하지 않으면 일의 진행이 어려우므로 앞소리꾼의 역할이 무엇보다 중요하다. 즉 앞소리꾼은 요즘 말로 현장 총감독이라고 할 수 있다. 8망깨, 6망깨, 4망깨, 2망깨 등을 가지고 소리를 하는데, 이를 〈말뚝 박기 노래〉라 하며, 저수지의 둑이나 논둑 같은 곳에 '망깨'로 말뚝을 박으면서 부르는 노래라 하여, 〈망깨 소리〉라고도 한다.

② 특징

'망깨'에 손잡이를 달아서 들었다 놓거나, 여러 가닥의 줄을 달아서 여럿이 그 줄을 당겼다가 놓는 일을 되풀이하면서 '망깨질'을 하는데, 노래의 구연은 작업의 동작과 밀착되는 것이 특징이다.

또한 〈망깨 소리〉의 가창방식은 선후창(先後唱) 형식(멕받 형식, 메기고 받는 가창 방법)으로 구연되는데, 앞사람이 사설을 메기고 뒷사람이 후렴을 받아 합창한다. 일반적으로 〈망깨 소리〉는 정해진 사설 없이 노동 현장의 분위기를 설명하거나 흥을 돋우는 내용 등으로 이루어지는 것이 보통이다. 즉 지루하고 벅찬 일을 치르기 위하여 흥미로운 사설이 길게 따르는데, 그 사설은 고정되지 않는 것이 보통이다.

〈망깨 소리〉의 후렴구는 초반부터 후반까지 '허이여 허라~쳐'를 계속해서 반복하고, 대부분의 사설 가사는 일꾼들의 힘을 북돋는 내용과 노동하는 자의 삶의 애환이 담긴 내용으로 이루어져 있다. 특히 사설 대부분에는 망깨 작업 과정에 대한 서술과 농사를 통해 이루고 싶은 농사꾼들의 고단하고 가난한 삶의 희망과 목표를 진술하게 드러내고 있으며, 특이한 점은 사설의 마지막 부분에서는 부모님을 잘 봉양하고 싶다는 효에 대해 얘기하고 있다.

대부분의 사설은 2음보 1행으로 이루어져 있고 단조로운 노동과 결부되는 민요이기 때문에 민요의 원초적 형태로 꼽을 수 있다. 이처럼 터를 다지거나 못 둑을 다지는 일은 농사와 생활에 중요한 일이지만, 혼자 하기는 거의 불가능한 일이다. 따라서 협동해야 하는 일에 메기고 받는 소리는 필수적이었을 것이다.

이처럼 땅을 다지는 소리는 '차류', '상사류', '지경류', '지정류', '지점류', '망깨류' 등이 있는데, 공산농요에서의 소리는 〈땅을 다지는 소리〉 중에서 '망깨류'에 속하며, 〈말뚝박이 노래〉, 〈못 둑 다지는 소리〉, 〈망깨 소리〉 등으로 불리어진다. 예전에는 여러 종류의 망깨가 농업 현장에서 사용되었다고 하는데, 최근의 공산농요의 연행과정을 살펴보면, 연행의 편리성과 연희적인 즐거움을 위해 주로 2망깨가 사용되어지며 드물게 1망깨(연희자 숫자가 홀수가 되는 경우)가 사용되기도 한다.

③ 사설

〈망깨 소리〉

(앞소리)	(뒷소리)
허이여-허라~ 쳐	허이여-허라~ 쳐

천근망깨는 공중에 놀고

열두자 말목은 땅 밑에 논다

쿵덕쿵덕 다지보세

천년수로 다리볼까

만년수로 다리보세

사방으로 돌아보니

청룡등을 강하지고 (명산지대가 여기구나)

백호등은 자자졌네 (사방명기는 다 당겨서)

연못자리가 명당이다

동해수를 땡기볼까

서해수를 다 땡겨서

이 연못에 가득 채와

앞들에도 천봉답이

뒷들에도 천봉답이

문전옥답을 다 이뤘네

만벌판에 씨를 뿌려

명년사월 들어가면

밭도 매고 논도 맨다

육칠월 들어서면

황금같은 우리 들녘

오곡잡곡이 익어가네

구시월 들어서면

금년가을 추수해여

우리부모 모시다가

천년만년 봉양하세

■ 각주 ■

- 천근 : 600kg(0.6톤). 千斤. 마음이 걱정이나 부담 따위로 몹시 무거
  움을 비유적으로 이르는 말.

- 열두자 : 3.63미터.

- 말목 : 抹木. 말목이라 부르는 말뚝.

- 강하지고 : 강하다. 힘차다.

- 연못 : 저수지.

- 천봉답 : 天奉畓. 물이 공급되는 곳이 없어 오로지 빗물에 의존해서
  경작하는 논.

- 문전옥답 : 門前沃畓. 집 가까이에 있는 기름진 논.

- 명년 : 明年. 내년. 다음해. 이듬해. 익년. 올해의 바로 다음에 오
  는 해.

- 오곡 : 五穀. 쌀, 보리, 콩, 조, 기장의 다섯 가지 곡식. 우리나라에서
  는 다섯가지 곡식 또는 중요한 곡식이나 모든 곡물 등의 뜻으로도
  쓰임.

- 봉양 : 奉養. (사람이 부모나 조부모를)받들어 모시고 섬기다.

망깨 소리

팔공산 메나리 공산농요와 서촌상여

5. 타작 소리

① 정의와 개관

도리깨로 타작하는 곡식이 주로 보리이기 때문에 〈보리타작 소리〉라고 하지만, 콩·팥 따위도 도리깨로 타작하기 때문에 그냥 〈타작 노래〉 또는 〈타작 소리〉라 부르기도 한다. 또한 도리깨를 쓰므로 〈도리깨 소리〉 또는 〈도리깨질 소리〉라 일컫기도 하며, 타작하는 일이 주로 마당에서 이루어지므로 〈마당질 노래〉라고도 한다. 주로 뒷소리에 '옹혜야' 라는 입타령이 나오므로 〈옹혜야〉라 흔히 부른다. 〈보리타작 소리〉는 〈모내는 노래〉, 〈김매는 노래〉와 더불어 전국에 널리 분포된, 농사일에 따르는 주요한 노동요이다.

'보리타작' 은 여러 사람이 빠른 속도로 도리깨질을 되풀이해야 하는 것으로, 일하는 사람들의 행동 통일이 필요하기 때문에 노래와 일손이 조화를 이루어야 한다. 따라서 〈보리타작 소리〉는 그 사설과 가락 또한 모두 단조롭다. 〈보리타작 소리〉는 나란히 마주서서 일하는 사람들 가운데 한 사람이 앞소리를 메기면 여러 사람이 후렴을 받는 선후창 형식으로 부른다. 경상북도 등지에서는 앞소리꾼을 '목도리깨꾼'이라 하고 뒷소리꾼을 '종도리깨꾼'이라 한다. 즉 '목도리깨꾼'은 앞소리를 부르면서 '종도리깨꾼'에게 타작할 보리를 젖혀 주고 노래사설로써 두드릴 곳을 지시하기도 하면서 일을 지휘한다.

〈보리타작 소리〉의 사설은 대체로 그 일의 실태를 노래하면서 일꾼들을 격려하는 내용이 주류를 이룬다. 그리고 억센 일을 치르면서 노래하는 사설이므로 해학적인 표현도 드러난다.

②특징

〈보리타작 소리〉의 여음(餘音)은 주로 '옹헤야', '어야도홍아', '어이차', '어어어이', '어허 타작이야', '나무야에미타불' 등 여러 가지가 사용되는데, '공산농요'에서는 '옹헤야'로 시작하여 경상북도의 다른 지역과는 다르게 여음이 변형된 '헤에헤에 옹헤야'가 혼합되어 있으며, 소리 마지막 부분에 '목도리깨꾼'이 주도하는 '허이'가 사용되어지기도 한다. 이러한 것들은 도리깨를 힘껏 내리칠 때 저절로 나는 말들이다.

즉 타작을 할 때 선소리꾼이 먹이는 짤막짤막한 사설을 도리깨꾼들이 '옹헤야'로 받는 힘차고 강박한 리듬으로 부르며, 여러 명의 타작꾼 중에서 힘이 좋고 도리깨질을 잘하는 '목도리깨꾼'이 보리 이삭을 두드리고 삐쳐서 엎으면서 선도해 가고 '종도리깨꾼'들이 엎어진 보리 이삭을 두드리면서 작업능률이 좋아지게 한다. 보통 사설형식은 메기는 소리와 받는 소리가 1음보씩 주고받는다.

현재 〈보리타작 소리〉는 전국 어디서나 들을 수 있으나 경상북도 지역의 소리가 가장 유명하며 널리 알려져 있다. 도리깨질 두 번 하는 동작이 네 박자로 이루어지기 때문에 음악도 첫 번째 박에 메기고, 세 번째 박에 받는다. 이러한 모습은 노동의 동작과 음악의 리듬과의 밀접한 관계를 보여주는 것이다. 사설과 가락도 단조롭다. 한 사람이 앞소리를 메기면 여러 사람이 후렴을 받는 선후창 형식이다. 선율의 구성음은 미·솔·라·도·레로 되어 있고, '라'로 마치는 이 지역의 메나리토리로 되어 있으며 매우 힘찬 느낌을 준다.

③ 사설

〈타작 소리 I - 옹헤야 소리〉

(앞소리)

옹헤야	해는 지고
여기보소	저문 날에
꼴지 밑에	한마당을
이 보리 보소	후리내자(빨리해야)
양반의 보리가	형수씨요 짚 좀 추소
시염도 지다	제수씨도 짚 좀 추소
헤에 헤에	숨도 차고
어- 잘한다	목도 말라
여기보소	한잔 묵고
꼴지 밑에	하여보세
이 보리보소	
중놈의 보리가	

몽글몽글 시염도 없네   (뒷소리)

헤에 헤에   옹헤야

어- 잘한다

개구리가

보리밭에

알을 놓고

폴짝폴짝

잘도 뛴다

헤에 헤에

허- 잘한다

유유청천

버들 숲에

황금 같은

꾀꼬리가

왕래하네

헤에 헤에

허- 잘한다

동해 동산

돋는 해는

일월서산

넘어간다

헤에 헤에

허- 잘한다

■ 각주 ■

- 꼴지 : 꼭지(비녀). 도리깨채가 돌아가는 부분의 부속품 이름.

- 시염 : 수염.

- 유유청천 : 惟有靑天. 푸른 하늘이 안다. '김상의당'의 시 「추규
  사(秋閨詞, 가을날의 규방의 서러움)」의 '相思惟有靑天月(상사유
  유청천월, 님 그리는 이내 마음 푸른 하늘 달님은 알아주리니)' 구
  절 중 하나임.

- 왕래 : 往來. 사람이 오고가고 하다.

- 일월서산 : 일락서산이 변형된 말. 해가 서쪽에 있는 산으로 짐.

- 후리내자 : 후리다(휘다의 방언. 휘둘러서 때리거나 치거나 하다.)

- 짚 좀 추소 : 짚을 좀 추려주소. 나락을 다한 짐은 먼저 추려내 주십
  사 하는 당부의 소리.

타작 소리 I - 옹혜야 소리

개구리보리가　　　몽실몽실　　　시엽도없네　　　어잘한다

옹헤야　　　옹헤야　　　옹헤야　　　옹헤야

헤에헤에　　　개구리가　　　알을놓고

옹헤야　　　옹헤야　　　옹헤야　　　옹헤야

보리밭에　　　풀짝풀짝　　　잘도편다　　　헤에헤에

옹헤야　　　옹헤야　　　옹헤야

허잘한다　　　얼씨구나　　　허잘한다　　　동해동산

옹헤야　　　옹헤야　　　옹헤야　　　옹헤야

돋은해는　　　일월서산　　　넘어간다　　　헤에헤에

옹헤야　　　옹헤야　　　옹헤야　　　옹헤야

- 2010년 소리 녹음 -

〈타작 소리 II - 허이 소리〉

(앞소리) / (뒷소리)
때려라 허이 / 허이
허이 / 허이
허이 / 허이
허이 / 허이

후린다 / 허이
잘한다 / 허이
넘어간다 / 허이
허이 / 허이

옹헤야 / 옹헤야
그럭저럭 / 옹헤야
한마당을 / 옹헤야
다 했구나 / 옹헤야

여기 보소 / 옹헤야
마즈~막 / 옹헤야
한단 나간다 / 옹헤야

요게 때려라 / 허이
허이 / 허이
허이 / 허이
자 / 허이

타작 소리 II - 허이 소리

- 1994년 소리 녹음 -

6. 모찌기 소리

① 정의와 개관

〈모찌기 소리〉의 출현은 '이앙법(移秧法)'의 보급과 직결된다. 볍씨를 직파할 때는 모를 찌는 작업이 필요 없기 때문이다. 대체로 조선조 숙종 연간(1674~1720)에 모의 이앙이 전국적으로 실시되었다고 한다. 그러나 최근의 연구 성과에 따르면, 13세기 후반에는 경상도와 전라도의 상당한 지역에서 이앙법이 실시되었고, 개시 시점은 13세기 이전까지 소급될 수 있으므로, 이에 따르면 〈모찌기 소리〉의 출현 상한선은 13세기 전후가 된다. 〈모찌기 소리〉의 창출과 전파는 가족단위 노동보다 품앗이 또는 두레 같은 공동노동 형태에서 나타나므로 이모작 지대가 아닌 곳은 〈모찌기 소리〉가 없는 곳이 많다.

이처럼 모내기를 하기에 앞서 못자리(모판)에서 모를 뽑아내면서 부르는 민요인데, 모를 '에운다'라고 한다. 즉 〈모찌기 소리〉 또는 〈모찌는 소리〉는 서로 품앗이를 하거나 놉을 하여, 모내기할 모를 모판에서 쪄낼 때 못자리에 빙 둘러앉아 모를 찌면서 부르는 소리이다. 소리를 잘하는 사람이 앞소리를 하면 모두가 뒷소리를 한다.

한국 노동요의 대표적인 〈모심기 소리〉를 부르기에 앞서서 모를 뽑아내며 부르기 때문에 〈모심기 소리〉와 더불어 〈모 노래〉라고 일컫기도 하며, 〈모심기 소리〉에 포괄되어 포함시키기도 한다. 〈모심기 소리〉는 풍부히 전승되는 데 비해 〈모찌기 소리〉는 매우 드물게 전해 온다. 아마도 이는 모내는 일은 여러 사람들에 의해서 오랜 시간 가지런히 치러지지만, 모찌기는 그 작업 자체가 거칠고 재빠르게 치르는 일이어서 여유 있게 노래할 수 있는 분위기가 이루어지기 어렵기 때문일 것이다.

작업이 산만한 탓에 〈모찌기 소리〉는 매우 희귀하게 전승되기 때문에 그 사설 역시 단조롭고 틀이 잡히질 않으며, 가끔 〈모심기 소리〉와 그 사설이 교류되기도 한다.

② 특징
요즘처럼 화학비료가 보편화되지 않던 시절. 못자리를 준비할 때쯤이면 농부들은 '갱자리'를 준비한다. '갱자리'란 모 밟는 풀이라 하여, 못자리에 넣을 거름으로 쓰기 위해 뿌리 채로 캐는 이른 봄의 풀로, 논(畓)에 거름용으로 사용되는 풀을 일컫는 말이다. 벼는 어린모를 못자리에서 키운 후 본 논에 옮겨 심는 것이 원칙인데, 못자리를 밟을 무렵에는 아직 산야(山野)에 풀이 많이 자라지 않았으므로, 그 대용으로 버드 나뭇잎을 작두질로 총총 잘게 썰거나, 할미꽃 뿌리를 잘게 썰어서 모판에 깔게 되었던 것이다.

그런 후, 모를 심기 전에 모판에 볍씨를 뿌리고 싹을 틔우게 된다. 이렇게 싹이 터서 심을 수 있을 정도가 되면 모판에서 뽑아내게 되는데, 이 일을 하면서 〈모찌기 소리〉를 부르게 된다. 모판에서 모를 가지런히 쪄내는 것이 중요하며, 일이 매우 힘겨우므로 〈모찌기 소리〉의 사설은 주로 모찌기하는 모습과 그 일의 힘겨움을 노래한다고 볼 수 있다. 비중이 큰 〈모심기 소리〉와 더불어 불리면서도 매우 희귀한 민요라는 점에서 그 중요성이 인정된다.

모판의 모를 쪄다가 하루해가 있을 동안에 심어야 하기 때문에 모찌기 작업은 보통 이른 아침부터 행해지며, 힘들고 지루한 노동을 즐거움으로 승화시킬 수 있는 일상생활의 내용이 주를 이루고 있다.

〈모찌기 소리〉에는 전남의 '먼데' 류와 경상도 모 노래권의 다양한 '모찌는 소리', 충청도의 '뭉치세' 류, 황해도와 경기도의 '쪘네' 류, 서부 충남의 '철더럭쿵' 류, 전남 고흥 도양읍의 '두월래' 류, 보성의 '모헤' 류 및 '기타' 류가 있다. 이처럼 〈모찌기 소리〉는 각 지방마다 조금씩 다른데, 늦은 중중모리장단, 자진 중중모리장단, 중중모리장단, 자진모리장단 등이 있으나, 공산농요의 〈모찌기 소리〉의 경우 일정한 장단이 없이 불규칙적이다. 〈모심기 소리〉와 같은 형식이나 사설이 아주 한정되어 있으며(2000년도 이후에 연행을 위해서 모찌기 사설 9절과 10절이 추가되기도 한다), 음악적 특징은 대체로 닮아 있다. 그러나 일의 특성상 〈모심기 소리〉보다는 조금 빠르게 노래를 부르는 것이 보편적이며, 주로 한 사람이 먼저 소리를 하면 뒷사람이 받아 소리를 부르는 주고받기식의 교환창 방식이다.

③ 사설

〈모찌기 소리〉

(앞소리)   (뒷소리)
1. 이 논빼미 이모자리 서마지기 숨굴 모라
                    2. 사방으로 들어서서 찌자 찌자 모를 찌자
3. 짜죽짜죽 찌는 모는 반달같이도 쪄드가네
                    4. 그럭저럭 다 쪄가도 점슴참이 아니오네
5. 찹쌀 닷말 밉쌀 닷말 이니라꼬 늦어가요
                    6. 열두칸 정제문을 넘나든다고 늦어가요
7. 도리도리 도리상에 상 채린다꼬 늦어가요
                    8. 빵긋빵긋 웃는 아기 젖 준다고 늦어가요
9. 모야 모야 노랑모야 니 언제커서 열매 열래
                    10. 한 달 크고 두 달 커서 석달 만에 열매여네

■ 각주 ■

- 논빼미 : 논배미. 논두렁으로 둘러싸여 다른 논과 구분되는 논의 하
  나하나의 구역.
- 모자리 : 못자리의 방언. 볍씨를 뿌려 모를 기르는 곳.
- 숨굴 : 숨길. 심을.
- 짜죽 짜죽 : 한발 한발 모를 쪄 들어가는 모습을 나타낸 의태어.
- 마지기 : 논밭 넓이의 단위를 이르는 말. 한 말의 씨앗을 뿌릴 만한
  넓이로서, 대체로 논은 150평~300평, 밭은 100평 내외이다.
- 반달같이 쪄드가네 : 못자리의 중간만 자꾸 찌게 되고, 양 쪽 부분
  은 자꾸 남게 된다는 데에서 비유된 말이다.

- 밉쌀 : 멥쌀. 메벼에서 나온, 찰기가 적은 쌀.
- 정지 : 부엌의 방언(경상, 제주).
- 도리상 : 도리소반. 밥상의 일종으로 둥글고 작은 밥상. 집에 있는
  어른을 위해 상을 차릴 때 사용하는 독상. 송문창 선생의 구술증언
  에 의하면 '개성판' 이라 하여 겸상을 할 수 있는 조금 큰 상도 있다
  한다.
- 반상 : 끼니 음식으로 밥과 반찬을 차린 상차림.

모찌기 소리

이 니 라 꼬 늦 어 가 요

열 두 칸 정 제 문 을

넘 나 든 다 고 늦 어 가 요

도 리 도 리

도 리 상 에

상 채 린 다 꼬 늦 어 가 요

빵 긋 빵 긋 웃 는 아 기

젖 준 다 고 늦 어 가 요

모 야 모 야

노 랑 모 야

니 언 제 커 서 열매 열래

한 달 크 고 두 달 커 서

석 달 만 에 열매 여네

- 2010년 소리 녹음 -

7. 모심기 소리

① 정의와 개관

남한의 벼농사는 기원전부터 전국적으로 실시되었다. 처음에는 볍씨를 직파하였으나, 13세기 전후부터 모판에다 볏모를 길러서 심는 이앙법(移秧法)이 시작되었다. 오늘날은 기계모를 심지만, 일제강점기부터 1960년대까지는 줄모를 심었다. 줄모를 심을 때는 줄을 넘기기 전에 자기가 맡은 일정한 분량을 마쳐야 하기 때문에 〈모심기 소리〉는 신호와 같은 역할을 하여 일을 더욱 질서 있게 하고 능률을 올리는 데 기여하였다. 그러나 줄모를 심지 않았던 벌모를 심던 시절에도 〈모심기 소리〉는 불려왔다. 주로 〈모내기 소리〉, 〈모노래〉, 〈모심는 소리〉, 〈이앙가(移秧歌)〉 등이라 한다.

즉, 모를 못자리에서 논으로 옮겨 심는 과정에서 주로 부르는 농업 노동요이다. 모내기는 짧은 시간 안에 많은 일손이 집중되어야 하는 일로, 대부분 아침나절에는 모를 찌고 오전 새참 무렵부터 모를 심는다. 이때 일꾼들이 잠자코 일만 하는 것이 아니라 집단적으로 노래를 불렀으며, 노래를 부르면서 일하는 속도가 일정해지고 손놀림을 서로 맞출 수 있었던 것이다. '줄모'를 심을 때는 물론 '벌모(못줄을 대어 심지 않고 손짐작으로 이리저리 심는 모)'를 심는 과정에서도 작업의 속도를 맞추어 일의 능률을 올리고 지겨움을 덜기 위해 즐겨 불렀다고 한다.

② 특징

농업 노동요의 기본적인 형태의 하나이며, 모내기가 전국적으로 보급되었을 때부터 널리 퍼져 어디서나 거의 같은 모습으로 전해지고 있다. 작업의 순서를 보면 모내기를 하기에 앞서서 모판에서 모를 찌는 과정이 있는데, 그때 부르는 것은 〈모찌기 소리〉이며, 그 이후에 〈모심기 소리〉를 부른다.

모심기는 강도가 크며 힘든 육체노동이다. 이러한 모심기의 노동 강도를 낮추고, 지루함을 삭이는 한편 협동심을 높일 수 있는 노래가 〈모심기 노래〉이다. 이처럼 모내기가 시작되면 함께 일하는 사람들이 두 패로 나누어 〈모심기 소리〉를 한 줄씩 주고받으며 '교환창(交換唱)'으로 부르는데, 일이 오래 계속되는 만큼 사설이 여러 가지로 구비되어 있다. 사설의 선택은 먼저 부르는 선창자가 담당한다.

노래는 주로 메기는 소리가 '이물꼬 저물꼬'로 시작을 하며, 모심기 자체가 율동적이거나 동작이 빠르지 않아서 일정한 장단이 없고 불규칙적이다. 사설은 사건의 전개가 아닌 감정의 표출이 주를 이루며, 한 줄씩 주고받는다는 조건에 따라 〈모심기 소리〉 한 편은 4음보 두 줄로 이루어져 있다. 주 내용은 남녀의 연정이나 남편에 대한 원망, 늙음에 대한 탄식 등 일상적 이야기가 대부분인데, 이는 전통 사회 성원들의 감정과 욕구, 생활상 등을 노래로 표현한 것이다. 이처럼 사설의 내용은 주위의 풍경과 그때 그때 벌어지는 일련의 일의 과정에 따라 내용이 달라진다. 이는 서정적인 함축성이 있는 민요의 좋은 예로, 연가(戀歌. 사랑하는 사람을 그리워하며 부르는 노래)라고 할 수 있는 사설 부분도 적지 않다.

한반도의 〈모심기 소리〉 유형을 정리해 보면, 크게 '하나류', '상사류', '모 노래류', '아라리류', '예천류', '방게류', '북한류' 및

'기타류' 로 나눌 수 있는데, '공산농요' 는 '모 노래류' 에 속하며, '모 노래류' 의 주요 특징은, 무후렴(無後斂)의 교창식(交唱式)이 주 방식이며, 경상도의 대표적인 〈모심기 소리〉로써 예천 민요권을 제외한 경상도와 남부 충북 일부지역 등에까지 전파되어 있다.

③ 사설

〈모심기 소리〉

(앞소리)　　　　(뒷소리)

1. 이 물꼬 저 물꼬 다 헐어놓고 쥔네 양반 어데 갔노
　　　2. 문해야 대전복 손에 들고 첩우방에 놀러갔네
3. 첩우집은 꽃밭이요 이내야 집은 연못이라
　　　4. 꽃과 나비는 봄 한철이요 연못의 금붕어 사철이라
5. 이논빼미 서마지기 모를 심아 정자로다
　　　6. 우리야 부모님 산소등에 솔을 심아 정자로다
7. 이논빼미 서마지기 반달같이도 떠나가네
　　　8. 그건 무슨 반달이요 초생달이 반달이지
9. 유월이라 새벽달에 다 큰 처녀가 난질가네
　　　10. 석자수건 목에 걸고 총각 둘이가 뒤따린다
11. 밀양삼당 뒷또랑에 알배기 처녀가 나누벗네
　　　12. 시침이 바늘 낚시호아 알배기 처녀를 낚아내자
13. 유자캉 탱주캉 의논이 맞어 한꼭다리에 둘 맺었네
　　　14. 처녀 총각 의논이 맞어 한 비개에 둘 누벗네
15. 머리좋고 키 큰 처녀 물명당 고개를 넘나드네
　　　16. 오면 가면 빛만 비고 대장부 간장만 다 놀킨다

17. 모시야 적삼 반적삼아래 분통같은 저 젖 보소
            18. 많이 보면 병날끼고 손톱마치만 보고 가자
19. 찔레꽃은 장가가고 석노야 꽃은 청노가네
            20. 만인간아 웃지마소 씨종자바래 내가 가요

■ 각주 ■

- 물꼬 : 논에 물이 넘나들도록 만들어 놓은 좁은 통로. 논두렁의 물
  이 들고 나는 부분.
- 쿤내 : 주인네.
- 문혜 : 문어.
- 대전복 : 큰 전복.
- 첩우방 : 첩의 방.
- 첩우집은 꽃밭이요 이내야 집은 연못이라: 첩을 젊고 고운 꽃에 비
  유하였으며, 본 처는 무덤덤한 연못의 물고기에 비유함.
- 꽃과 나비는 봄 한철이요, 연못의 금붕어 사철이라 : 첩 질은 한철
  이면 끝이 나겠지만, 본 처는 사철동안 서방 곁에 머물러 있다는
  말임.
- 모를 심어 정자로다, 솔을 심어 정자로다: 정(井)자 모양으로 모를
  심고, 솔을 심는 단 말임
- 난질 : 여자가 정을 통한 남자와 도망함. 사랑을 따라 도망가는 길.
- 석자수건 목에 걸고 : 옛날 부잣집 아들(총각)은 목에 석자 명주수
  건을 많이 감고 다닌 것에서 유래함.
- 밀양 삼당 : 밀양(시) 삼랑진(읍). 낙동강 본류와 진주방면의 남강과
  밀양 남천강이 합류하는 곳이라 해서 '삼랑' 이라 한 것이다.
- 알배기: 알이 들어서 배가 부른 물고기를 가리킨다.

- 알배기 처녀가 나누버네 : 알배기(임신 가능성이 있는, 포동포동한) 처녀가 대기하고 있다는 뜻.
- 시침이 바늘 낚시호아 알배기 처녀를 낚아내자 : 꽃다운 성숙한 처녀는 곧 싱싱한 젊음의 상징이요, 인생의 힘이 솟는 샘으로, 이에 포동포동한 처녀를 총각 낚시(유혹)로 낚아내자(연애를 하자)는 해학적인 표현이다.
- 유자캉 탱주캉 의논이 맞아 한 꼭다리에 둘 맺었네 : 유자랑 탱주랑 자랄적에 서로가 비슷함에 비유한 말임.
- 물명당 고개 : 송문창 선생 구술증언에 의하면 '물이 좋은 명당 고개' 가 아닐까 함.
- 오면 가면 빛만 비고 : 오며 가며 얼굴만 보이고.
- 분통 : 분을 담아 두는 통.
- 찔레꽃은 장가가고 : 본 처는 두고, 자식이 없어 첩을 따로 두게 된다는 말임.
- 석노야 꽃은 청노(靑老)가네 : 노인이 새장가 가는 아들 따라간다는 말임. 유의의로 '상변간다' 와 '웃손(혼인 때에 신랑이나 신부를 데리고 가는 사람. 주로 손윗사람이 이 일을 맡는다.)' 이 있다함(송문창 선생 구술증언)
- 찔레꽃과 석류꽃 : 찔레꽃은 새 장가 가는 아들에 비유하고 있으며, 석류꽃은 아들 따라 가는 노인을 지칭함.
- 만인간아 웃질마소 : 세상 사람들아 웃질 마라.
- 씨종자 : 대를 이어 나갈 자손을 비속하게 이르는 말. 아들을 바라고.
- 씨종자 바래 내가 가요 : 대를 잇기 위해 어쩔 수 없이 자손을 바래서 내(노인)가 아들 따라 간다는 말임.

모심기 소리

꽃 밭 이 요

이 내 야 집 은 연 못 이 라

꽃 과 나 비 는

봄 한 철 이 요

연 못 에 금 붕 어 사 철 이 라

이 논 베 미

서 마 지 기

팔공산 메나리 공산농요와 서촌상여

초생___달___이___반달___이지

유월___이라새___벽달에___

다큰___처녀가___난질___가___네

석자___수건목___에걸고___

총각___둘___이가___뒤따___린___다

밀양_____삼당___

뒷또___랑에_____

알 배 기 처 녀 가 나 누 벘 네

시 침 이 바 늘 낚 시 호 아

알 배 기 처 녀 를 낚 아 내 자

유 자 캉 탱 주 캉

의 논 이 맞 어

한 쪽 다 리 에 둘 멪 었 네

처 녀 총 각 의 논 이 맞 어

팔공산 메나리 공산농요와 서촌상여

한 비————— 개————— 에——— 둘 누——— 벘——— 네

머 리———— 좋 고————

키 큰————— 처 녀————————

물 명— 당— 고 개를— 넘 나 드——— 네

오 며———— 가 며— 빛— 만— 비 고————

대 장 부———— 간— 장 만— 다 놀——— 킨 다

모 시 야———————— 적 삼————

만 인 간 아 웃 지 마 소

씨 종 자 바 래 내 가 가 요

- 2010년 소리 녹음 -

8. 논매기 소리

① 정의와 개관

전국에 분포된 〈김매기 소리〉는 밭의 김을 맬 때 부르는 〈밭매기 소리〉와 논의 김을 맬 때 부르는 〈논매기 소리〉로 구분되는데, 〈논매기 소리〉는 모심기가 끝난 뒤에 논의 잡풀을 뽑으면서 부르던 농업 노동요이다. 〈논매는 소리〉라고도 한다.

논매기는 보통 세 번을 순서에 따라 매는데 '초벌(아이, 아시) 논매기', '이듬(두 벌) 논매기', '세 벌 논매기'라고 한다. 모를 심고 20~30일 후가 되면 잡풀이 돋기 시작하는데 이때 초벌을 매고, 10~14일 만에 이듬을 맨다. 논매기를 많이 하는 곳은 세 벌, 네 벌까지도 김매기를 하였으며, 이때가 되면 잡풀이 무릎 정도까지 자라게 되는데 보통 '세 벌 논매기' 때는 날씨가 가장 무더운 칠월 염천이며 거기다가 왕성히 자란 모나 잡풀이 논매는 사람의 팔이나 얼굴에 상처를 내기도 하고 땀 냄새로 인해 쇠파리들이 달려들어 진

땀을 빼기도 한다.

〈논매기 소리〉를 논매기의 횟수에 따라 구분하는 것은 그때마다 다른 곡을 부르는 지역의 관행 때문이다. 논매기에서 초벌 매는 것을 흔히 '아시 맨다', 또는 '아이 맨다'고 하며, 잡초가 돋아난 논바닥을 호미로 파서 엎어주는 것이 보통이다. 지역에 따라서는 초벌 매기 때는 일이 힘들어 소리를 하지 않고 두 벌이나 세 벌 맬 때부터 소리를 하는 곳이 많았으며, 논매기 횟수에 따라 소리가 구분되지 않는 지역도 있었다. 〈논매기 소리〉는 지역에 따라 다르게 부르는데, 심한 경우는 물 건너 마을과 물 안 마을의 〈논매기 소리〉가 다를 수도 있는 가장 향토색이 짙은 소리이다.

② 특징
〈논매기 소리〉는 한 줄 4토막에, 한 토막의 음수율이 4·4조의 형식을 취하는 것이 보통이나, 경우에 따라서는 음수율이 변형되어 불리기도 하며, 선후창의 형식을 취하여 선창자가 소리를 메기면 다른 사람들이 후렴을 받아서 부른다. 논매는 일은 여럿이 함께 치르지만 동작의 통일은 필요하지 않으므로 노래는 일의 동작과 밀착되지 않는다. 따라서 선소리꾼은 작업을 지휘하는 기능보다도 일의 흥취를 북돋우는 일을 맡는다. 그 사설도 율격이 가지런하지 않으며, 사설이 고정되어 있지도 않다. 사설은 김매는 일을 노래하는 한편, 김매는 일과 상관없는 일상적인 생각을 구연하는 두 갈래로 나누어진다. 이에 〈논매기 소리〉의 사설은 풍농을 기원하거나 논매기의 피로를 덜기 위한 내용, 농민들의 애환과 삶의 희망, 농사의 기쁨과 보람, 민중의 낙천적 태도와 일에 대한 긍지 그리고 해학과 풍

자가 담긴 내용이 가장 많다.

앞쪽에서도 살펴보았듯이, 〈논매기 소리〉는 '아시 논매기(처음 실시하는 논매기)' 와 '두 벌 논매기' , '세 벌 논매기' 가 있으며, 여러 명이 논을 맬 때 즐겨 부르는 것으로 피로와 지겨운 논매기 과정에서 선소리꾼이 사설을 엮어 나가면 논매기하는 사람들이 뒷소리로 후렴을 구성지게 받아 부른다. 그러나 실제로 '공산농요' 지역에서는 '아시 논매기' 와 '두 벌 논매기' 때에는 개인적으로 논을 맬 때가 많아 소리는 별로 하지 않았으며, '세 벌 논매기' 때에 소리를 가장 많이 하였다고 한다. 산간마을이라 일손이 부족하여 다른 마을과는 다르게 남녀가 같이 북을 치면서 논매기를 했다고 한다.

최근에는 연행의 필요성과 대중성 등을 감안해 〈아시 논매기 소리〉를 〈긴 논매기 소리〉 형식('메나리조' 인 '어사용 가락' 임)으로 소리를 한 후, 〈두 벌 논매기 소리〉를 생략하고, 〈세 벌 논매기 소리〉는 〈잦은 논매기 소리 - 호야 소리〉형식으로 하며, 세 벌 논매기의 마지막 소리 〈논매기 끝소리 - 전례 소리〉를 이어서 부르는데, 점차 가락이 빨라진다.

③ 사설
〈긴 논매기 소리〉

(자~ 참 나옵니다. 찬 받으소. 아이고나 장떡도 잘 꿉고 호박떡도 잘 꿉었네 자 여기 술 한 잔 부읍시다. 자 올해 대풍년 고사한번 지냅시다.)

자 하늘의 옥황님요 물이나 콸콸 내라주이소. 풍재도 막아주고 조재도 막아주고, 휘재도 막아주이소. 자 금년에 대풍을 들어주이쏘. 고시래~ 자~ 목마릅니다. 한 잔 잡숫고, 마이 잡숫지는 마이소. 나락 뿌찌릅니다.

(자 들어 서이쏘)

(앞소리)
예이~
예-이-요 오호~야
오 오 오-이~ 사하-하~~~
예이-요 호이
후후 후후 요~

산이 조조는 곤룡산(팔공산)이요
수해 조조는 황해수(낙동강)이래이
불 겉이도 더분 날에 팥죽같은 흐른 땀이 구슬같이도 떨어진대이
그 바람 선태이 큰 애기 죽었는 넋의 바람인가 시원하데이
명산대천에 심불공 말고우 밤중에 오신 손님을 콸세마래이
나부야 청산가자 노랑나부야 너도 가재이
유월 농부여 칠월 신선에 우리 농부도 쉬어보세
해는 지고 날 저문 날에 골골마다 연기나네
가다가 길 저물면 꽃 속에다 유해가재이
그 꽃이 반대하면 잎에서나 유해가재이

(뒷소리)

예이~

예-이-요 오호~야

오 오 오-이~ 사하-하~~~

예이-요 호이

후후 후후 요~

- 1994년~1995년 가사 채록 -

유월 농부야 칠월신선 우리농부가 너무 디데이

칠팔월을 들어 가며는 금년가을 추수하시에

바늘 겉은 가는 몸에 태산 같은 짐을 지고

구슬 겉은 두 땀이 팥죽거치도 쏟아지네

■ 각주 ■

- 옥황 : 玉皇. 도가(道家)에서, '하느님'을 이르는 말.
- 풍재 : 風災. 바람으로 인하여 생기는 피해. 태풍을 말함.
  바람을 막아 '곡식의 쭉쟁이가 드는 것을 막는다.' 라는 뜻임.
- 조재 : 鳥災. 새의 피해를 막음.
- 휘재 : 諱災. 나락 병이 드는 것을 막음. (예 : 탄저병)
- 고시레 : 신에게 공물을 바치는 의식. 음식을 먹기 전에 먼저 조금
  떼어 고수레 하고 허공에 던지는 민간 신앙적 행위. '고수래' 라고
  도 하며 고수레를 하지 않고 들면 체하거나 탈이 난다고 믿는 속신
  (俗信)과 결합되어 전국 도처에서 나타난다. 고씨(高氏)라는 성을
  가졌던 여인의 넋을 위로하는 이야기로 전개되는 것이 일반적이다.

의지할 곳 없는 '고씨'라는 노파가 들에서 일하는 사람들의 호의로 끼니를 이어 가며 연명한다. 얼마 뒤 고씨 노파가 세상을 떠나자 들일을 하던 사람들은 죽은 '고씨' 노파를 생각하고 음식을 먹기 전에 첫 숟가락을 떠서 '고씨네' 하고 허공에 던져 그의 혼에게 바치게 되었다고 하며, 그 뒤로 전국에 퍼졌다고 전해짐.

- 산의 조조는 곤룡산이요 수해 조조는 황해수래 : 산지조종 곤륜산(山之祖宗 崑崙山), 수지조종 황하수(水之祖宗 黃河水).
  산의 가장 근본적이며 제일 주요한 근본은 곤륜산이요, 물의 가장 근본적이며 제일 주요한 근본은 황화수다.
- 곤룡산 : 곤륜산(崑崙山). 중국 절강성에 있는 산. 옥이 많이 나오며 불사(不死)의 선녀 서왕모가 산다는 서방의 낙토(樂土). 서쪽으로 파미르 고원에서 시작하여 동쪽으로 청해성[清海省]에서 사천성[四川省] 서북부를 거쳐 신강[新疆]과 티베트를 관통하는 산. 황하강의 발원지.
- 황하수 : 중국의 젓줄. 황하강은 중국 서부에서 동북부로 흐르는 커다란 강이다. 중국에서 장강(양쯔강)에 이어 두 번째로 큰 강으로, 청해성(青海省)에서 시작하여 화북 평야를 흘러 발해만(渤海灣)으로 들어간다. 황토와 뒤섞인 누런 강물로 이루어져 있다고 해서 황하라고 이름이 붙은 것이다.
- 명산대천 : 名山大川. 이름난 산과 큰 내, 흔히 수려한 자연을 묘사하는 데 쓰이는 표현이다.
- 신불공 말고우 : 과부가 절에 가서 불공을 드리지 말고. 즉 불공을 드려 아기를 가질 생각을 말고. '신'은 부처를 뜻함(즉 부처에게 불공을 드린다는 표현)
- 밤중에 오신 손님을 괄세마래이 : 밤중에 오는 남자와 정을 나누어

아기를 가지라는 말임.

- 나부야 청산가자 : 여기서 '청산(靑山)' 의 이미지는 보통의 푸른 산이나 높은 산이 아니라, 머루와 다래가 그대로 익어가고 세속과 먼 자연의 세계를 말하는 것으로, 시적 화자의 몸이 나비가 되어 청산에 들어가 대자연과 일체가 되어서 순간적이나마 인간의 괴로움을 극복하려는 뜻과 세속의 먼지를 훨훨 털어버리고 가벼운 마음으로 산을 찾아가는 밝고, 기쁨에 넘친 마음을 청유형 표현법으로 나타내고 있다.

- 노랑나부야 너도 가재이 : 저승으로 가는 영혼의 상징.

- 꽃 속에서 유해가자 : 꽃 속에서 자고 가자. 꽃 속에서 유하고 가자. 태어났거나 살았거나 임시 머물렀던 곳을 유허(遺墟, 또는 순절(殉節)하거나 귀양살이하였던 곳)라 하는데, '유허' 에서 온 말이 아닌가 하는 의견이 있다.

- 꽃이 반대하면 잎에서나 유해가자 : 꽃이 반대하면 그 꽃잎에서라도 쉬어가자.

- 칠월 신선 : 음력 칠월은 농부가 쉬는 달임. 송문창 선생의 구술증언에 의하면 음력 칠월엔 건들미 바람(건들바람, 초가을에 불어오는 서늘하고 부드러운 바람)이 불며, 이때 농부들이 쉬는 시기라고 함.

- 바늘 겉은 가는 몸에 태산 같은 짐을 지고 : 일의 고달픔을 표현한 말임.

긴 논매기 소리

오 오 오 이 사 하 하

예 이 요 호 이 후 후 요

불 겉 이 도 더 분 날 에

팥 죽 같 은 흐 른 땀 이

구 슬 같 이 도 떨 어 진 대 이

예 이 예 이 요 오 호 야

오 오 오 이 사 하 하

해 는 지 고　　　날 저 문 날 에
골 골 마 다　　　연 기 나 네
예 이　　　예 이 요　오 호 야
오 오 오　이　　　사 하 하
예 이 요　　　호 이　　　후 후 요

- 2010년 소리 녹음 -

〈잦은 논매기 소리 - 호야 소리〉

(앞소리)
이히요-오 호~야
이 논빼미 다 매간다
전례판이 다 쪄오네
전례판이 여기구나

(뒷소리)
이히요-오 호~야

잦은 논매기 소리 - 호야 소리

- 2010년 소리 녹음 -

〈논매기 끝소리 - 전례 소리〉

(앞소리)   (뒷소리)

오화 시용   어화 전례

자~아

이히후~요~

■ 각주 ■

■ 각주 ■

- 전례판 : 논매기할 때 마지막 남은 논바닥을 뜻함.
- 전례 소리 : 논매기 일을 마칠 때 부르는 소리(매조지는 소리).
- 전례 : 논을 다 매고 조금 남아 있을 때 논매던 사람들은 원을 이루
  는 형태. 또는 논을 다매고 마지막을 조지는 행동을 지칭하는 말임.
- 전례(판) : 절레(판). 절래(판). '세 벌 논매기'의 끝날 무렵에 조금
  남아있는 논을 지칭함. 논매던 사람들이 원형으로 조아들어 서로
  사설을 주고받는다. 이후 '목나발'을 불고 다음 소리인 〈칭칭이 소
  리〉를 하면서 논두렁 밖으로 나온다.

논매기 끝소리 - 전례 소리

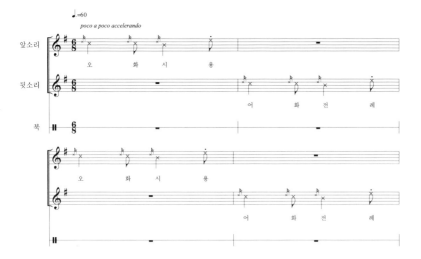

오 화 시 용

어 화 전 례

오 화 시 용

어 화 전 례

a tempo

자 아

아

pp

이 히 후 요 오

pp

- 2010년 소리 녹음 -

9. 칭칭이 소리

① 정의와 개관

'논매기'를 마치고 논에서 나올 때 또는 마을로 돌아오면서 풍물을 치며 부르는 곡이다.(백중 무렵 '호미씻이', '풍장 소리 ', '풀굿' 등으로 불리는 농사꾼들의 놀이판과 유사하다고 생각해도 좋을 것이다.)이때 마지막 논매기를 마친 후 그해 농사가 가장 잘된 집의 상머슴을 소에 태우거나 괭이자루에 태우고 풍장(풍물)을 치며 마을로 행진하면서 부르는 〈칭칭이 소리〉는 〈풍장 소리〉라 하기도 하는데, 말 그대로 풀이해본다면 '풍장을 치면서 부르는 노래' 가 모두 포함될 수 있다. 그러나 보통 민요에서 〈풍장 소리〉라 일컫는 것은 마지막 논매기를 마친 후 상머슴을 소에 태우거나 '괭이자루' 에 태워서 풍장을 치며 마을로 행진하면서 부르는 노래만을 가리킨다.

한편, 일꾼들이 '논매기' 이후에 농사장원을 뽑아 그 집으로 가서 주인이 내는 술과 음식을 먹고 노는 풍습을 '장원례(壯元禮)' 라고도 하는데, 이 풍속은 옛날 과거(科擧)에 급제한 선비들이 금의환향할 때 말을 타고 삼현육각을 울리면서 행진하는 행사를 모방하여 생겼다. '장원례' 는 전국적으로 널리 분포한 백중(음력 7월 15일)의 민속놀이인 '호미씻이' 풍습의 하나로서, '호미씻이' 가 일반적인 농민 위로잔치를 일컫는 데 비해, '장원례' 는 농사장원을 뽑아 그를 주인공으로 하여 특정한 집에서 잔치를 벌이는 점이 특징이다. '호미씻이' 는 보통 '논매기' 를 모두 마치는 시기인 양력 8월 중순에서 하순, 음력으로는 7월 백중(百中), 절기로는 입추(立秋), 처서(處暑) 무렵에 전국적으로 이루어졌으며, '장원례' 도 이와 같다.

이처럼 〈칭칭이 소리〉는 지역에 따라 〈장원질 소리〉, 〈소타는 소리〉, 〈괭이말 타는 소리〉, 〈괭이자루 타기 노래〉, 〈깨자리 타기 소리〉 등으로 다양하게 불리어지고 있다.

②특징

전통적인 농경 생활에서 집단의 결속력은 매우 중요한 요소가 된다. 〈칭칭이 소리〉와 함께 행해지는 농악의 형태는 한데 어우러짐의 미학을 잘 보여주고 있다. 이런 점에서 흥겨움과 신명성의 요소를 지닌 〈칭칭이 소리〉는 일꾼들이 일의 흥겨움을 북돋우는 가흥창이 전이(轉移)되어 유희적 형태로 발달한 민요이다.

'공산농요'가 불리어 지는 지역에서는 뒷소리가 '치이나 칭칭나네' 형태를 취하고 있는데, 보통 칠월 초순경, 세 번째의 논을 다 맨 뒤에 '전례'를 마치고 논두렁에 올라온 농민들은 그 동안의 노고를 치하하는 뜻으로 큰 머슴을 소 대신 괭이(깽이, 깨이)자루에 태워서 메고 〈칭칭이 소리〉를 부르고 춤추면서, 목나발(땡각, 고동, 고딩이, 떵가, 뗑가, 뗑각, 영각, 목고동, 슈角, 긴 대나무 끝에 쇠뿔을 달아 불던 악기로 소리에 특별한 가락은 없으나 길놀이 따위에서 마을의 사방에 대고 불어 댐으로써 길놀이 행렬이 왔음을 알렸다.)을 불면서 마을로 돌아오는데 주인집에서는 그들에게 술과 음식을 낸다. 이를 보통 '괭이자리 탄다'라고 한다. 즉 마을의 다수확 농가의 마당에 모여 풍물을 치며 '판굿'을 벌이는 것이다.

이처럼 〈칭칭이 소리〉는 괭이자루를 타고 논다고 해서 〈괭이자루(괭이말) 타는 소리〉라고도 칭하는데, '괭이'라 하면 '괘이', '卦伊', '노작', '魯斫', '광이', '깽이', '꽹이', '쾡이', '곽지', '괘기' 등으로 칭하며, 흙을 파고 고르는 데 쓰이는 농기구이다. 농사에서 '괭이'는 씨를 뿌리기 위해 골을 켤 때, 덩어리진 흙을 잘게 부술 때, 땅을 판판하게 고를 때 쓴다. 또, 이것으로 김을 매거나 '극젱이'로 갈고 남은 땅을 갈기도 하며, 구덩이를 팔 때도 쓴다. 조선 초기 「하위지(河緯地)」의 유서에는 '괘이(卦伊)'로 표기되었으며, 「고사신서(攷事新書)」 농포문(農圃門)에 쓰인 '노작(魯斫)'도 '괭이'를 가리킨 것으로 보인다. 한편, 「농정촬요(農政撮要)」에는 '송곳광이', '곳광이', '가래갓튼광이', '장도리갓튼광이'라고 적혀있다. 날을 이루는 넓적한 쇠 끝은 'ㄱ'자로 구부러져 괴구멍을 이루고 여기에 긴 자루가 달렸다.

〈칭칭이 소리〉는 대부분 한 사람이 앞소리를 메기면 여러 사람이 뒷소리를 받는 방식으로 부른다. 이때 뒷소리의 형태가 어떠하냐에 따라 〈산아지 타령〉, 〈매화 타령〉, 〈양산도〉, 〈애롱대롱〉, 〈에로지 풍장〉, 〈꾸름마훨훨〉, 〈칭칭이 소리〉, 〈거화 소리〉, 〈캥마쿵쿵노세〉 등으로 나눌 수 있으며, '공산농요'에서는 주로 후렴구가 '치-나 칭칭 나네'로 구성되어 있어 〈칭칭이 소리〉 또는 〈치이나 칭칭 나네〉 등으로 칭하며, 경북 문경·의성·영천·경산과 경남 양산·의령 등지에서도 이러한 후렴구가 사용되어 진다. 또한 〈칭칭이 소리〉는 주로 3분박 4박자의 장단으로 되어 있어서 여유롭고 흐드러지게 노래하고 춤추기 좋은 편이다. 노랫말은 마지막 논매기를 마치고 주인집으로 가서 즐겁게 노는 광경을 묘사한 내용이나 흥을 돋우는 내용으로 되어 있어서 흥겨운 느낌이 든다.

〈칭칭이 소리〉는 논매기 때 하는 소리여서 흔히 농업 노동요의 하나로 분류해 왔지만, 논을 매는 과정이 아니라 논을 다 매고 마을로 행진해 들어가면서 하는 소리이므로 근래에는 유흥요(유희요)의 한 갈래인 '행악(行樂)'의 하위 분류로 넣기도 한다. 또한 〈논매기 소리〉이후에 주로 즐겨 불렀던 소리이지만, 최근에는 마을의 흥겨운 경사나 즐거운 일이 생겼을 때 함께 어울려 놀이마당을 열 때 불리어지기도 한다.

앞 메기는 소리의 사설은 누구나가 참여할 수 있는 가변적 내용으로 변용이 가능하며 뒷소리는 북과 꽹과리 등의 울림을 따라 모두가 함께 표출한다. 이처럼 꽹과리의 음은 ㅋ 또는 ㅊ 음과 같이 날카로우면서 높고 빠른 이미지를 내포하고 있다. 널리 알려진 '쾌지나 칭칭' 후렴구와는 달리 '치이나 칭칭'으로 표현되는 공산농요 지역의 〈칭칭이 노래〉는 표현에서 뒷소리의 형태가 특이한 점으로 미루어 보아, 지역적인 특성을 잘 드러내고 있는 토속민요로서의 독특한 가치를 지닌다.

③ 사설
〈칭칭이 소리〉

치-나 칭칭 나네
노자 노자 젊어노자
늙고 병들면 못 노니다
세월아(네월아) 가지마라
우리 인생 다 늙는다
얼씨구나 허 잘한다
삼월동천 부는 바람

뒷동산천 할미꽃은
명년삼월 또 돋는데
우리인생 한번가면
왜 그리도 못 오는고
세월이 가면 혼자 가지
우리청춘 왜 들고 가노
얼씨구나 허 잘한다

가지마다 봄이 오고
해가 뜨면 온단 님은
달이 솟아도 아니오네
팔공산 저 기슭에
논밭쫓는 이 농부야
불같이도 더분 날에
논밭만 매고 사나
팥죽같은 흐른 땀이
구슬같이 떨어지네
불쌍하다 우리 농부
가련하다 한심하다
우리 농부 노력하야
만백성이 먹고 살제
장하구나 장하구나
우리 농부 장하구나
가자 가자 유람가자
만고강산 유람가자
만고강산이 어디메뇨
동해계곡 소안 산이
일만이천 봉허리가
구름같이 뻗었으니
금강산이 분명하다
금강산 구경하고
장화산을 들어서니
이때 저때가 어느 땐고 (세월와 네월아 가지마라)

지화자자 좋을씨구
술 잘묵는 이태백이
술을 묵자 나를 찾나
말 잘하는 앵무새는
말 하자고 나를 찾나
서울갔던 낭군님은
날 보자고 나를 찾나
얼씨구나 허 잘한다
지화자자 좋을씨구
아니놀고 무엇하랴
오늘날은 여기 놀고
내일날은 어디 놀꼬
숨도 차고 목도 말라
한잔묵고 놀읍시다

(뒷소리)
치-나 칭칭 나네

130

춘삼월아 호시절에 (우리 청춘 다 늙는다)

녹음방초 승화시는

때만 좋더라 번친 해야

꽃은 피어서 만발하고

잎은 피어서 우거졌네

뒷동산천 올라가니

만물짐승은 지지울고

먼 산에 아지랑이

굼실 굼실 기들어온다

슬프고도 한심하다

우리인생 한심하다

■ 각주 ■

- 칭이나 칭칭나네 : 송문창 선생 구술 증언에 의하면, '일하는 사람
  을 살펴보니 여러 층이 있다' 라는 뜻으로 해석하였음.

- 삼월동천 : 삼월 동풍.

- 만고강산 : 萬古江山. 오랜 세월을 통하여 변함이 없는 산천.

- 유람가자 : 流浪가자. 정처가 없이 떠돌아다니다.

- 소안 산이 : 적은 산이 안겨 있다.

- 녹음방초 승화시 : 綠陰芳草 勝花時. 초여름, 우거진 신록과 향기로
  운 풀이 꽃보다 나은 때' 를 일컫는다. 한시의 구절이다.

- 때는 좋다 번친 해야 : 사방에 햇빛이 비쳐준다.

칭칭이 소리

장화 산을 들 어서니

치 나 칭 칭 나 네

이 때 저 때 가 어느 때 고

치 나 칭 칭 나 네

춘 삼 월 아 호 시절 에

치 나 칭 칭 나 네

녹 음 방 초 승 화 시 는

치 나 칭 칭 나 네

때 만 좋 더 라 번 친 해 야

치 나 칭 칭 나 네

한 잔 묵 고___ 놀 읍 시 다

치 나 칭 칭 나___ 네___

- 2010년 소리 녹음 -

10. 방아 소리

① 정의와 개관

'방아' 라 하면 곡물을 쓿어 겉껍질을 벗기거나 빻아서 가루를 내는 데 쓰는 연장으로 '맷돌', '절구', '방아' 등이 있는데, '맷돌' 과 '절구' 는 주로 개인집에서 사용하였고, '방아' 는 마을 공동으로 함께 사용하는 경우가 많았다. '방아' 의 종류로는 '디딜방아', '연자방아', '물레방아' 등이 있는데, '방아' 는 '갈돌' 에서 비롯되었다. 이를 발전적 측면에서 살펴보면, 첫째 '갈돌' 에서 '돌확', '맷돌', '매통', '토매', '연자매(연자방아)' 등으로 발전한 무리와, 둘째 '갈돌' 에서 '절구', '디딜방아', '물방아', '물레방아' 따위 등으로 나아간 무리로 나눌 수 있다. 앞의 것은 아래짝 위에 놓인 물질을 위짝을 돌려서 으깨듯 부수는 연장이고, 뒤의 것은 공이로 내리쳐서 찧는 연장이다.

'연자방아' 라 하면 '맷돌' 에서 더욱 발전한 것이 '연자매(연자방아)' 이다. '연자매'는 '맷돌'보다 수십 배나 크고 사람 대신 소나 말이 돌리게 되어 능률도 그만큼 높다. '맷돌'은 위짝과 아래짝을 마주 포갠 채 돌리나, '연자매'는 아래짝 가운데에 박은 기둥을 의지하여 위짝을 세워 돌리는 구조이다.(즉 고정된 커다란 돌판 위에 바퀴처럼 생긴 넓적한 돌을 굴리면서 곡식을 가는 건데, 바퀴 축에 긴 나무를 꽂아 소나 말에게 걸면 가축이 방아 주위를 빙빙 돌며 돌을 굴리면 된다.) 곳에 따라서는 톱니장치를 한 '연자매'도 나타났는데, 이것은 톱니의 회전에 따라 아랫돌이 돌아가도록 되어 있다.

'디딜방아'는 '절구'에서 비롯되었다. '절구'는 주로 손의 힘을 빌렸으나 '디딜방아'는 몸무게를 실은 발의 힘을 이용하게 되어 그만큼 능률이 높아졌다. 즉 발로 디디는 방아로, 두 사람이 Y자 모양의 갈래 끝에 올라서서 찧는데,('양다리방아'라는 말은 여기에서 비롯되었음, 지역에 따라 '디딜방아'는 곧은 나무로 되어 있는 '외다리방아'도 있음) 시소처럼 갈래의 끝을 발로 밟으면 방앗공이가 올라가고 발을 떼면 방앗공이가 내려가 곡식을 찧게 된다.

'물레방아'는 물의 힘을 이용하여 바퀴를 돌리고 이에 따라 공이가 오르내리도록 고안한 방아이다. 이때 '물레'의 '물'은 '물(水)'을, '레'는 '수레·굴레'의 '레'처럼 '바퀴'를 뜻하는 말이다. 즉 물의 힘을 이용해 곡식을 찧는 기구이며, 흘러내리는 물이 '물레'를 돌리면 공이(물건을 찧거나 빻는 기구)가 위아래로 움직여 곡식을 찧게 된다.

도정하는 농기계 사용의 보급으로 인하여 직접 '방아'를 찧는 경우가 줄어들면서 〈방아 소리〉와 같은 농요 가창 문화가 사라지고 있다. 〈방아 소리〉는 〈방아 노래〉, 〈방아 찧기 노래〉, 〈방아 타령〉 등으로 불려진다. 수확한 곡식의 깍지를 벗기고 쭉정이를 골라 알 곡을 걸러내기 위해 방아를 찧으면서 박자에 따른 동작의 통일성과 일의 수고를 덜기 위하여 부르는 노래로, 노동의 지루함을 잊고 흥을 내어 일을 할 수 있는 서정성과 서사성이 강한 '방아 노동요' 또는 '제분(製粉) 정미요' 이다. 하지만 실제로는 농사를 짓는 여러 지역에서 〈방아 소리〉는 '방아 노동요' 가 아닌 '모찌기 소리', '모심기 소리', '논매기 소리', '농사 뒤풀이소리', '도리깨질 소리', '땅다지기 소리' 등에 다양하게 사용되어지며, '공산농요' 에서는 '농사 뒤풀이 소리' 에 해당한다.

이처럼 농경 공동체에 없어서는 안 될 생산 수단이면서, 노동요로서의 '방아' 는 보람과 풍요의 정서를 준다. 그러므로 〈방아 소리〉를 여럿이 외쳐 부르면 기분은 이미 풍요를 이룬 것 같다. 즉 분위기가 이렇게 형성되면 일이 힘들어도 견디기가 쉬워진다. 그리고 농부들의 몸놀림은 어느새 가을의 보람과 풍요를 향한 의미 있는 동작이 되고, 또 풍요를 바라는 소망의 표현이 되는 것이다.

② 특징
공산농요의 〈방아 소리〉는 4·4조의 노랫말(전언 가사)과 3·3조의 여음(디딤 가사, 후렴)로 구성되며, 전언 가사의 행 구성은 보통 두 마디로 구성된다(다른 지역의 〈방아 타령〉에는 네 마디로 구성되는 지역도 있다). 디딤 가사는 지역에 따라 차이가 나지만, 어느 경우든 '방아' 가 들어간다. 곡명을 〈방아 소리〉라고 하는 것도 이

때문인데, '방아'는 음운 변화를 보이며 지역에 따라 '방애', '방해', '방개', '홍개', '홍애', '헹게' 등으로 다르게 나타난다.

또한 디딤 가사는 구음 뒤의 말붙임에 따라 실상이 다양하다. '에이여라 방아요', '에헤라 헤헤헤이어 방애로다', '어기야 에헤야 방개가 논다', '에헤이 에에에로 방게홍게가 논다', '에헤 헤라하나 에헤에라 방애에로노자' 등이 그러한 것들인데, '공산농요'에서는 '오호호(어허허) 방아야'가 사용되어진다. 이렇듯 사설의 형태가 '구음+방아요'라는 형태로 나타나는 것이다. 가창방식은 주로 '선후창'이며(다른 지역(전북 순창 · 임실 일대)에서는 '교환창'으로 부르는 곳도 있다.) 사설을 살펴보면 방아 찧는 과정을 성행위에 빗대어 성적 욕구에 대한 농담을 표현하기도 하였으며, 단지 방아를 찧는 모습만이 아닌 부모님의 은공에 대해 깊이 있게 다루고 있다.

주로 〈방아 소리〉는 일반적으로 노동요로 부르며, 그 용도는 수확한 곡식의 겉껍질을 벗기거나 빻아서 가루를 내기 위해 사용되어지는 '제분 정미요'이지만, 실제 현장에서는 노래를 부르면서 일의 고됨을 줄이고 흥겹게 일하려고 했던 과거 농민의 일노래(노동요)로 대부분 나타나고 있다. 지역별로 〈모찌기 소리〉, 〈모심기 소리〉, 〈논매기 소리〉, 〈농사 뒤풀이 소리〉, 〈도리깨질 소리〉, 〈메방아 찧기 소리〉, 〈땅 다지기 소리〉 등에 다양하게 사용되어졌다.

'공산농요'의 경우 〈방아 소리〉도 계절과 상관없이 불리어진 소리지만, 방아 찧을 때는 이 노래가 절대 불리어지지 않는다. 주로 논을 모두 매고 〈칭칭이 소리〉를 하면서 농사를 잘 지은 일꾼을 선발하여 '괭이자루'를 태우고 집으로 돌아와, 주인집에서 술과 고기를 내어 흥겹게 놀면서 부르는 〈농사 뒤풀이 소리〉인 것이다.

③ 사설

〈방아 소리〉

(뒷 소리)
어허허 방아야

(앞 소리)
이 방아가 누 방아고
경산읍내 물레방아
물을 안고 빙빙 돌고
우러 집에 우러 님은
나를 안고 빙빙 도네
어떤 나무 팔자 좋아
석상에다 돋을래
방아목이 되었던고
방아 찧는 치장들아
방아품을 알고 찧나
원가래는 서돈 오푼
목가래는 두돈 오푼
한 푼 두 푼 모아가주
우리 부모 모시다가
천년만년 봉양하세
얼씨구나 잘도 찧네
절씨구 덜커덩 쿵덕
쿵덕 쿵덕 잘도 찧네

보리도 찧고 봅쌀도 때끼고
콩도 빼수고 밀도 빼수고
오곡잡곡 다 찧는다
우리 고향 풍년 져서
추야추도(주야장초, 주이야 장초)
찧어보세

■ 각주 ■

- 우러 : 우리.
- 어떤 나무 팔자 좋아 석상에다 돋을래 : 예전에는 돌 사이에서 자라
  난 큰 Y자목을 주로 사용하였음을 비유적으로 표현함.
- 치장 : 방아 찧는 사람들.
- 방아품 : 사례비. 품삯.
- 원가래는 서돈 오푼 : 디딜방아를 찧을 때 '디딜방아의 Y자 모양의
  갈래 끝에 올라서서 찧으면 힘을 받는다' 라는 뜻임.
- 목가래는 두돈 오푼: 디딜방아를 찧을 때 '1명이 더 추가적으로 도
  움을 주고자, 디딜방아의 Y자 모양의 중간 부분에 올라서서 찧어도
  힘을 덜 받는다' 라는 뜻임.
- 추야추도(주야장초, 주이야 장초) : 주야장천(晝夜長川). 밤낮으로
  쉬지 않고 계속하여.

방아 소리

- 2017년 소리 녹음 -

11. 벼 베기 소리

① 정의와 개관

〈벼 베기 소리〉는 기본적으로 낫으로 벼를 베어내면서 하는 소리를 말하며, 벼를 베어 바로 볏단을 묶어서 세우면서 하는 소리도 〈벼 베기 소리〉로 분류한다. 다른 말로 〈벼 베는 소리〉, 〈나락 베는 소리〉 등으로 일컫는다. '벼 베기' 작업은 논에 물이 고여 있는지 아닌지에 따라 일의 순서가 달라진다. 마른 논에서는 벼를 베어 바닥에 늘어놓고 며칠 동안 말린 다음에 볏단을 묶지만, 논에 물이 고여 있을 때에는 벼를 바닥에 늘어놓을 수 없기 때문에 벼를 베자마자 그 자리에서 한 단씩 묶어서 세우고, '벼 베기' 가 다 끝난 다음에 볏단을 다시 논두렁이나 근처의 공터로 옮겨서 말리게 된다. 이 과정에서 각 단계마다 '벼 베는 소리', '볏단 묶는 소리', '벼 쳐내는 소리(볏단을 논에서 논두렁으로 옮기면서 하는 소리)' 를 하게 되는데, 벼를 베는 작업과 볏단을 묶는 작업이 연속적으로 이루어질 경우에는 두 가지 작업이 크게 '벼 베기' 작업의 일환이라고 보아 〈벼 베기 소리〉로 분류한다.

'벼 베기' 가 기계화되면서 〈벼 베기 소리〉는 현장에서 거의 사라졌고, 간혹 소규모 다락 논에서 낫으로 '벼 베기' 를 하는 곳이 있다 하더라도 소리를 하는 사람을 찾기는 어렵다. 아울러 '공산농요' 에서도 〈벼 베기 소리〉가 무형문화재로 지정될 당시에 빠져 있어, 사라질 위기에 처한 것을 최근 저자의 요청으로 송문창 선생이 예전의 가사를 일부 기억해서 채록하였음을 밝힌다.

② 특징

한반도 전역에서 논농사를 짓지만 〈벼 베기 소리〉를 활발하게 불러온 곳은 다음의 4개 지역 정도에 지나지 않는다. 연백, 연안, 재령, 해주, 옹진 등 황해도 서부 지역과 고성, 속초, 양양, 강릉, 삼척 등 강원도 영동 지역 그리고 군산, 익산, 김제, 부안 등 전북 서부 지역, 또 울진, 상주, 김천 등 경북 일부 지역이다. 그러므로 〈모심는 소리〉와 〈논매는 소리〉가 논농사를 짓는 거의 모든 곳에 분포하고 있는 것에 비하면, 〈벼 베기 소리〉의 분포는 그다지 넓지 않다고 하겠다. 이는 '벼 베기'가 '모심기' 또는 '논매기'와 달리 적은 인원으로 비교적 자유롭게 진행하는 일이어서, 작업에 노래가 뒷받침되어야 할 필요성이 상대적으로 낮은 데 그 이유가 있다.

〈벼 베기 소리〉로 널리 알려진 노래는 황해도 서부 지역의 〈베어라 소리〉, 강원도 영동 지역의 〈한단 소리〉, 전북 서부 지역의 〈산야 소리〉, 경북 일부 지역의〈어사용 소리〉 등이 있다. 이 중에 〈베어라 소리〉와 〈한단 소리〉는 '벼 베기'를 할 때만 부르는 노래이며, 〈산야 소리〉와 〈어사용 소리〉는 다른 일을 할 때에도 불려진다. '공산농요'에서의〈벼 베기 소리〉는 〈어사용 소리〉에 속하며, 벼 베는 소리뿐 아니라, 나무하는 소리 등으로도 많이 불리어 졌다. 즉 다른 지역의 〈벼 베기 소리〉는 쓰임새가 고정되어 있었던 반면, '공산농요'의 〈벼 베기 소리〉는 그 쓰임새가 복합적이었다는 것을 알 수 있다.

'공산농요'의 〈벼 베기 소리〉의 가창방식은 대부분 독창이다. 또한 리듬이 자유로운 노래여서, 곡이 엄격하게 틀이 잡혀 있지 않다. 상황이 이러하기에 선율과 리듬 그리고 사설의 길이와 형식 또한 엄격하게 정해진 것 없이 유동적인 양상을 보이고 있다. 대부분의 가사는 감성이 짙은 노래로 '모심기'나 '논매기' 같은 집단적 노동에 비해 개별성이 강하여 일꾼들이 각자 부르기도 하지만 소리꾼 혼자 부르는 것이 대부분이다. 〈벼 베기 소리〉의 노랫말은 다른 지역은 대부분 일꾼들을 격려하고 신명을 내는 내용으로서 소박한 일노래의 모습을 보여주고 있는 반면, '공산농요'에서는 근심이 수시로 드나드는 삶의 고달픔을 자연에 견주어 노래하고 있다. 이에 다른 지역보다는 사설의 내용이 다양하고 풍부한 양상이다.

농사는 곡식을 얻기 위해 짓는 것이다. 그러므로 '벼 베기'에는 수확의 보람과 기쁨이 함께 한다. 그러기에 〈벼 베기 소리〉의 현장에는 정서적 긴장이 자리 잡기 어렵다. 긴장 보다는 가벼움을 지향하기에, 자신의 처지와 신세를 한탄하며 부르는 어사용조의 사설로 노래가 불리어지더라도, 결코 진지함에 빠져들지는 않는다고 할 것이다. 즉 노래를 통해 그 긴장감을 가볍게 날려 보내는 기분인 것이다. 즉 '공산농요'의 〈벼 베기 소리〉는 노동의 성격과 노래의 정서가 서로 직접적으로 맞물려 있는 것 같으면서도 색다른 면을 보여주고 있다.

③ 사설
〈벼 베기 소리〉

아이고 허리야 아이고 팔다리야 허리 아파 못하겠네
바라불어 씨러진 나무 눈비 온다고 일어나리
임을 잃어 병든 몸이 약을 신들 나슬소냐

서산에 지는 해는 지고 싶어서 지는가요

날 버리고 가는 님은 가고 싶어서 가던가요

세월아 봄철아 오고 가지를 마라라

아깝은 우리 청춘 다 늙어진대이

■ 각주 ■

- 신들 : 쓴들. 사용한들.

- 나슬 소냐 : 나을 소냐.

- 마라라 : 말아라.

벼 베기 소리

아이 고 허 리 야

아 이 고 팔 다 리 허 리 아 파

못 하 겠 네

바람 불어 씨 러 진 나무

눈 비 온 다 고

일 어 나 리 임 을 잃 어

병 든 몸 이 ___ 약 을 신 들 ___

나 슬 소 ___ 냐 ___

서 산 에 지 는 ___ 해 는

지 고 싶 어 서 지 는 가 요 ___

날 버 리 고 ___

가 는 님 은 ___ 가 고 ___ 싶 어 서

가 는 가 ___ 요 ___

세 월 아 ___ 봄 철 아

오 고 ___ 가 지 를 ___ 마 러 래 ___ 아 깝 은

우 리 청 춘

다 늙 어 ___ 진 ___ 대 이

- 2017년 소리 녹음 -

152

III. 서촌상여 사설

1. 발인제 소리

① 정의와 개관

제사의 종류를 살펴보면, 묘 제때 지내는 '산신제'[32], 상(喪)중에
지내는 '성복제'[33], '발인제'[34], '노제'[35], '평토제'[36], '초우제'[37],
'재우제'[38], '삼우제'[39], '삭망전'[40] 등이 있고 상(喪)과 관련된 '졸
곡'[41], '부제'[42], 소상, 대상, 담제, 길제, 초혼제 등이 있다.

이 중 '발인제(發靷祭)'를 자세히 살펴보면, 상여가 집을 떠나기
바로 전에 상여 앞에 차려놓고 지내는 제사로 운구를 출상하는 마
지막 제를 두고 말하며, 관을 묶은 다음에, '백관'들이 양쪽에서 관
을 든 후 방 네 구석을 돌아나가서 마당에 내어 놓은 뒤에 내온 관을

---

32) 山神祭. 마을의 수호신으로 믿는 산신에게 지내는 제사로 조상 묘가 있는 산의 신
   을 모시는 의식.
33) 成服祭. 입관이 끝나고 고인에게 처음 올리는 제사 의식, 초상이 나고 처음 상복을
   입을 때, 간단한 술과 과일을 영좌(靈座) 앞에 차려놓는 예식.
34) 發靷祭. 고인이 집과 가족들로부터 떠나는 의식.
35) 路祭. 상여가 장지로 가는 도중에 거리에서 지내는 제사.
36) 위령제. 봉분이 완성되고 고인의 육신이 땅에 묻혔으니 홀로 외롭더라도 고이 잠
   들라는 명복을 비는 뜻으로 영혼을 위로하는 의식.
37) 初虞祭. 산소에서 장례를 끝내고 집에 돌아와서 장사 당일 날 지내는 제사.
38) 再虞祭. 장사를 지낸 뒤 첫 제사를 올리고 나서 그 다음날인 첫 번째 유일(柔日)에
   지내는 제사.
39) 三虞祭. 재우제 다음날 지내는 제사.
40) 朔望奠. 매월 초하루와 보름날 아침에 사당 신위에 간단히 지내는 제사.
41) 卒哭.장사를 마치고 무시애곡(無時哀哭)을 끝내기 위하여 지내는 제사로, 삼우제
   (三虞祭)를 지낸 뒤에 첫 강일(剛日)에 지내는 제사.
42) 가묘제.家廟祭, 졸곡을 지낸 다음날, 소목(昭穆)의 서열에 따라 죽은 자를 그의 할
   아버지에게 입묘시키기 위하여 행하는 제례.

상여 위에 올려놓고 제사상을 차리는데, 그것은 죽은 사람이 집을 떠나며 마지막으로 받는 제사다. 그 제사를 '발인제(發靷祭)'라고 한다. 그리고 맏상주(맏상제, 부모의 상(喪)을 당한 맏아들)가 잔을 올리고 모두 그 앞에 엎드려 절하면 '발인제 축문(發靷祭 祝文)'을 읽게 된다. '축문'을 음률에 맞추어 읽고 나면 곡이 슬프게 울려 퍼지고 본격적인 '행상(行喪)'이 시작되는데. 이러한 '행상'이 시작되기 전에 하는 소리를 〈발인제 소리〉 또는 〈서창(序唱) 소리〉, 〈하직인사〉 등이라 일컫는다.

② 특징

'발인제(發靷祭)' 순서는 보통 큰 상주가 분향을 한 후, 큰 상주 재배 그리고 빈잔을 올리고 재배한 후, 상 위 잔에 술을 따르고 다시 재배를 한다. 그런 후 모두 엎드리면 집사자(執事者)가 발인축문을 올린다. (이때 곡은 보통 상주들은 '아이고~'로 하고, 다른 분들은 '어이~어이~'로 하는 것이 일반적이다) 다시 잔을 비우고 상주-형제-딸-사위-손자 순으로 잔을 올리고 재배한다. 이어서 시저(匙箸, 숟가락과 젓가락을 아울러 이르는 말)를 모아놓고 다 같이 합배를 하면 된다.

이러한 발인제와 발인축사가 모두 끝이 나면, 〈발인제 소리〉를 실시하는데, 이를 〈서창(序唱) 소리〉, 〈회심곡〉 등으로 일컫기도 하며, 32인('대틀')으로 구성된('소틀'로 인원이 적을 경우 24명으로 구성하기도 한다) 상여꾼들이 상여를 메고 죽은 이의 혼이 집을 떠나기 서러워하는 심정을 느리게 부르는 부분이다. 보통 4·4조의 운율에 맞추어 부르는 것이 특징이며, 선소리꾼이 약간씩 운율에 변형을 주어 소리를 하기도 한다. 대개 출상 하루 전에 행상 준비를 하게 되는데 이때 부르는 〈대돋음 소리〉와는 다르다.

③ 사설
〈발인제 소리〉

백관들 자 모두 이리 오이소. 운거 하이소
나오다 문지방에 걸리면 안됩니데 조심하시소
예~ 짐 싣고예
자 평풍 빨리 피고, 상 빨리 차리소. 발원상 빨리 차리소
예~ 상주님들 자 곡 하이소
(아이고~)
지곡 하이소

- 축문 -
 영이기가(靈輀旣駕) 왕즉유택(往卽幽宅)
 재진견례(載陳遣禮) 영결종천(永訣終天)

〈영이기가(靈輀旣駕) 재진견례(載陳遣禮)
 만년유택(萬年幽宅) 영결종천(永訣終天)〉

예~ 상주들 잔 한잔 붓고, 곡 하이소
(아이고~)
지곡하시고. 상주들 물러서이소.
일꾼들 모두 들어와서 음복 하이소. 빨리 한잔 하고.

모두 다 잡쉈거던, 자~길 머다. (다 기를 모아)

운상 합시다.

제자리 한 번 들어서소. 「북소리」

- 소리 (회심곡) -

동네 사람 들어보소(잘 있이쏘) 이내 몸은 황천가요

어제같이 청춘 이 몸(몸이) 오늘같이 백발 되어

이 세상을 하직(이별)하고 후 세상을 나는 가네(떠나가네)

영천띠기 잘 이시쏘 안동띠기도 잘 이시쏘

인지가면 언지오꼬 한 번 가면 못 온다네(요)

슬프구나 우리 인생 아이구 답답 나의 여리야

동네 사람 잘 있이쏘 이내 몸은 북망으로

■ 각주 ■

- 백관 : 상주가 아닌 집 안 사람들.

- 상주 : 喪主. 상제 중에서 주장이 되는 사람. 대개 장자(長子)가
  된다.

- 동관 : 관을 이동하자라는 뜻.

- 핑풍 : 병풍. (꽃그림이 있는 병풍은 상갓집에선 펴지 않는다.)

- 발인제 : 發靷祭. 상여가 빈소를 떠나기 바로 전에 상여 앞에 차려
  놓고 지내는 제사. 고인과 마지막 작별하는 제사.

- 발원상 : 발인상. 상여가 빈소를 떠나기 바로 전에 상여 앞에 차려
  놓고 지내는 제사상.

- 지곡 : 止哭. 곡(哭)하던 것을 그침. 송문창 선생 구술증언에 의하
  면, 축문을 을 읽을 때는 반드시 곡을 그쳐야 한다 하였다.

- 영이기가(靈輀旣駕) 왕즉유택(往卽幽宅) 재진견례(載陳遣禮) 영결종천(永訣終天) : '영이기가(靈輀旣駕) 재진견례(載陳遣禮) 만년유택(萬年幽宅) 영결종천(永訣終天)'으로 송문창 선생의 사설은 바뀌어서 잘못 불리어졌다. (송문창 선생의 구술증언에 의하면 가사가 잘못되었음을 추후 인정하였다) 그 뜻은 '영혼께서 이제 상여를 타고 유택으로 가게 되었사와 절을 올리고 보내는 예를 다하오니 이제 영원히 이별을 하옵니다.' 라는 뜻이다. 처상(妻喪)에는 불승감창(不勝感愴)으로, 자상(子喪)에는 심언여훼(心焉如毀)로, 제상(弟喪)에는 비불자승(悲不自勝)으로 고쳐 쓰는 문중(門中)도 있으나, 수상(手上) 수하(手下)를 막론하고 일괄, 영결종천(永訣終天)으로 쓰는 문중이 대부분이다. 또한, 왕즉유택(往卽幽宅)은 뜻이, '떠나는 즉, 유택입니다' 인데, 화장(火葬)터로 향하면서 이렇게 쓰면, 망령(亡靈)에 대한 거짓말이 되기에 '왕즉화실(往卽火室)'로 고쳐 쓰는 경우도 가끔 보인다.

- 영이기가(靈輀旣駕) : 령여가 곧 떠나니.

- 재진견례(載陳遣禮) : 보내는(가시는) 예를 올리니(베풀다).

- 만년유택(萬年幽宅) : 무덤을 달리 이르는 말.

- 왕즉유택 : 가시는 곳이 유택이다.

- 영결종천 : 죽어서 영원히 이별함.

- 음복 : 飮福. 차례나 제사를 지내고 난 뒤에 술이나 떡과 같은 제사 음식을 나누어 먹음.

- 운상 : 運喪. 상여를 메고 운반함.

- 하직 : 下直, 죽음을 비유적으로 이르는 말. 어떤 곳에서 떠나다.

- 영천띠기 : 영천댁.

- 안동띠기 : 안동댁.

- 이시쏘 : 계십시오.(있으십시오)

- 황천 : 黃泉. 사람이 죽은 다음 그 혼이 가서 산다는 세상.

- 북망 : 北邙. 묘지가 많은 곳이나 사람이 죽어서 묻히는 곳.

발인제 中 축문

- 2010년 소리 녹음 -

회심곡(발인제)

인 지 가 면_____ 언 지 울 꼬

한 번 가 면_____ 못 온 다 요

슬 프 구 나_____ 우 리 인 생_____

아 이 구 답 답_____ 나 의 여 리 야

동 내 사 람_____ 잘 있 이 쏘

이 내 몸 은_____ 북 망 으 로_____

- 2002년 소리 녹음 -

2. 행상 소리

① 정의와 개관

〈상여 소리〉를 〈만가(輓歌)〉라고도 한다. 만(輓)이란 끌어당긴다
는 뜻이니 〈만가(輓歌)〉는 상여를 끈다는 뜻이다. 즉, 죽은 사람을
애도하여 그가 남긴 행적을 기리며, 저승의 좋은 곳으로 가도록 인
도하는 마음으로 부르는 노래다. 〈향두가(香頭歌)〉, 〈향도가(香徒
歌)〉, 〈저승으로 가는 노래〉, 〈상두가(喪頭歌)〉, 〈상부 소리〉 등이
라고 한다. 죽은 사람의 명복을 빌면서 산 사람에게는 액이 들지 말
고 복만 들기를 기원한다. 이별의 슬픔과 영원한 삶에 대한 소망도
담겨 있다. 상여의 운반은 여럿이 호흡과 발을 잘 맞춰야 하는 일이

다. 집을 떠날 때, 가파른 언덕이나 산길을 오르고 내릴 때, 개천이나 다리를 건널 때, 장지에 도착할 때 등 상황에 따라 가락과 사설이 다르며 지역에 따라 가락·사설·뒷소리 등에 차이가 있다.

이러한 상여 소리 중에서 〈행상(行喪) 소리〉는 장례식 때 상여를 메고 가는 '향도꾼' 혹은 '상두꾼' 으로 불리는 '상여꾼' 들이 부르는 소리 중에서 〈발인제〉를 지내고 난 후, 상여를 울러맬 때 부터 시작해서 묘 앞에 도달하여 상여를 내릴 때까지 부르는 노래, 즉 상여를 메고 가면서 부르는 소리로 '의식노동요' 를 일컬으며, 상여의 좌우에 상여꾼들이 늘어서서 발을 가지런히 맞추어 걸으면서 부르는 노래이다.

② 특징
노래의 사설은 지역에 따라 다르나 비슷한 내용의 메기는 소리와 받는 소리가 적지 않다. 대부분 망자의 명복을 빌고 생자의 복덕을 축원하며, 이별의 슬픔을 달래는 사설과 함께 장지까지의 험난한 행로를 무사히 지나기 위해 상두꾼들을 격려하고 움직임을 지시하는 내용을 담고 있다.

'서촌상여'의 〈행상 소리〉는 '긴 상여 소리'의 하나로 메기는 소리나 받는 소리는 주로 4음보로 이루어져 있다. 이때 받는 후렴구는 두 가지 종류(A와 B)로 되어 있는데, 첫 후렴구(A)와 두 번째 후렴구(A)는 같게 부르며, 세 번째 후렴구(B)는 다르게 부른다.

〈행상 소리〉를 할 때, 선소리꾼은 메기는 소리의 변화를 활용하여 상주를 울리기도 웃기기도 함으로써 위로를 하였으며, 상주와 문상객들은 상여 앞에 매단 새끼줄에다 노잣돈을 끼워 넣곤 한다.

③ 사설
〈행상 소리〉

자 운상합시다 자 메이소~

(앞소리)
오오홍 오오홍 어허야 오오홍

사든 생가를 다 버리고 북망산천을 나는 가네
백년 집을 하직(이별)하고 만년 집을 찾아가네
북망산천이 멀다더니 건너 앞산(대문 밖)이 북망이구나
(황천길이 멀다더니 대문 밖이 황천일세)

동네 사람 모아놓고 하적인사나 올립시다
서른두 명 상두꾼들 눈물가려 못 가겠네
빈손으로 태어나서 빈손으로 돌아가네

초롱같은 우리 인생 이슬같이도 떨어지네
인지가면 언지 올꼬 한 번 가면 못 온다네
북망산천이 얼마나 멀어 한 번 가면은 못 오던고

삼천갑자 동방석도 북망산이(한 번 가니) 못 오더라

만리장성 진시황도 죽어지니 허사더라
명사십리 해당화야 꽃 진다(하)고 서러마소

활짱같은 굽은 길에 곱게 곱게나 모시가자
하늘님도 무심하고 저승사자도 야속하다
먹는 약을 뒤엎처뿌고 바삐 가자고 재촉하네

산도 설고 물도 선 곳을 누구를 찾아서 내가 가나
날러가는 저 기럭아 너왕 나왕 벗을 삼자
숨도 차고 목도 말라 잠시라도 쉬어가세
(열두대왕 문을 열어 날 오라고 재촉하네)

(뒷소리)
오오홍 오오홍 어허야 오오홍
오오홍 오오홍 어허야 오오홍
헤~헤 헤헤헤 어화넘차 오오홍

■ 각주 ■
- 사든 : 살던.
- 생가 : 生家. 자신이 태어난 집.
- 북망산천 : 北邙山川. 사람이 죽어서 묻히는 곳을 이르는 말. 옛날
  중국의 북망산에 제왕(帝王)이나 명사(名士)들의 무덤이 많았다는
  데서 온 말이다.
- 상두꾼 : 상여꾼. 상여를 메는 사람.
- 백년집, 만년집 : 사람이 사는 100년 세상과 죽은 뒤의 아주 오랜 세

월을 비유적으로 비교하며 이르는 말.

- 황천 : 黃泉. 사람이 죽은 다음 그 혼이 가서 산다는 세상.

- 하적인사 : 하직인사.

- 인지 : 인제. 이제. 바로 이때.

- 삼천갑자 동방삭 : 三千甲子 東方朔. 장수하는 사람을 비유하는 말이다.

- 진시황 : 秦始皇帝. 중국 진(秦)나라의 제1대 황제, 기원전 221년에 천하를 통일하고 자칭 시황제(始皇帝)로 군림하였다. 분서갱유(焚書坑儒)를 일으켜 사상을 통제하는 한편 도량형과 화폐를 통일시켰다. 아방궁(阿房宮)과 만리장성을 축조하는 등 위세를 떨쳤다.

- 명사십리 : 明沙十里. 함경남도 원산 바닷가에 있는 모래사장. 곱고 부드러운 모래가 끝없이 펼쳐진 바닷가를 비유적으로 이르는 말.

- 해당화 : 장미과에 속한 낙엽 활엽 관목.

- 명사십리 해당화 : 함경남도 원산은 아름다운 명사십리(明沙十里)와 해당화(海棠花)가 유명하다.

- 활짱 : 활의 몸. 활등. 활의 등처럼 구부러진 형태를 뜻함.

- 저승사자 : 저승에서 염라대왕의 명을 받고 죽은 사람의 혼을 데리러 온다는 심부름꾼.

- 너왕 나왕 : 너랑 나랑.

행상 소리

오 홍 오 홍 어 허 야 오 홍

북 망 산 천 이 멀 다__ 더 니 건 너__ 앞 산 이 북 망__ 이 구 나

헤 헤 헤 헤 헤 어 화 넘 차 오 홍

동 네 사 람 모 아__ 놓 고 하 적 인 사 나__ 올 립__ 시 다

에

오 홍 오 홍 어 허 야 오 홍

서른 두 명 상 두 꾼들 눈물 가 려 못 가 겠 네

오 홍 오 홍 어 허 야 오 홍

빈 손 으 로 태 어 나 서 빈 손 으 로 돌 아 가 네

헤 헤 헤 헤 헤 어 화 넘 차 오 홍

초 롱 같 은 우 리 인 생 이 슬 같 이 도 멸 어 지 네

삼 천 갑 자 동 방 석 도 북 망 가 니 못 오 더 라

오 홍 오 홍 어 허 야 오 홍

만 리 장 성 진 시 황 도 죽 어 지 니 허 사 더 라

오 홍 오 홍 어 허 야 오 홍

명 사 십 리 해 당 화 야 꽃 진 다 하 고 서 러 마 소

팔공산 메나리 공산농요와 서촌상여

- 2010년 소리 녹음 -

3. 월천다리

① 정의와 개관

〈월천다리〉에서 '월천(越川)'은 내를 건넌다는 뜻으로, '극락다리'를 뜻하며, 이승과 속세를 연결하는 다리, 삶과 죽음을 잇는 다리, 속계와 선계를 이어주는 다리를 상징적으로 나타내는 말이다.

〈월천다리〉에서 사용되는 후렴구는 '나무아미타불(namo amitayurbuddhaya, 南無阿彌陀佛)'이며, 이는 산스크리트 어이다. '나무'는 'namas:namo'인데 번역하여 '귀명(歸命)', '귀의(歸依)',

'귀경(歸敬)', '경례(敬禮)', '구아(救我)', '도아(度我)', 등 여러 가지 뜻으로 번역된다. '나무'는 본심(本心)으로 돌아감(歸還本心, 귀환본심)인데, '나무아미타불'을 풀이하자면, 돌아가 의지한다는 뜻으로서, 중생이 부처에게 진심으로 귀의하여 공경하며 따른다는 의미를 내포하고 있다.

이처럼 〈상여 소리〉에는 '관세음보살', '관암보살', '나무아미타불', '나무할미타불' 등과 같은 불가(佛家)의 부처 명호(名號)를 많이 사용하는데, '초성'이 좋고 노래 사설을 잘 외우는 사람이 '앞소리' 즉 '선창'을 메기면, 상여를 멘 여러 사람이 불가의 염불(念佛)처럼 이를 뒷소리로 받아 후렴형식으로 사용하고 있다. '서촌상여'에서는 '나무아미타불'이라는 부처 명호(名號)를 후렴구로 사용하고 있으며, 이에 〈나무아미타불 소리〉라고도 한다. 그리고 외나무다리를 건널 때 부르는 상여 소리라 하여 〈외나무다리 건너는 소리〉라 하기도 한다.

②특징

외나무다리를 건널 때는 무게의 중심을 다리 가운데인 상여 틀에 두고 좌우 상두꾼들의 힘과 무게의 균형이 맞아야 하며 좌우 상두꾼들의 자세가 역삼각형 형태로 균형을 유지하며 다리를 건널 수 있다. (때에 따라서는 좌측 2열, 우측 2열로 했던 대열을 좌우 1열로 바꾸어 안쪽에서만 상여를 멘 채 다리를 건너기도 한다.) 외나무다리 건너기는 소리에 맞춰 발을 내딛으며 일체감으로 호흡을 맞춰야 상여가 중심을 잡고 균형을 이루며 이동 할 수 있는 매우 어려운 과정이다. 즉 좁고 위험한 다리를 지나가야하므로 주의를 요하며 이런 힘든 곳을 지날 때는 〈나무아미타불〉 소리를 힘차게 불러서 협동심을 발휘한다.

이렇게 상여가 좁은 다리를 만나게 되면 쉬어도 가는데 그 참에 상여꾼들은 죽은 사람의 식구들과 재담을 하기도 한다. 이때 식구들은 길을 재촉하려고 상여에 돈을 걸기도 하고 상여꾼들에게 술을 대접하기도 한다. 즉 상여가 다리를 건너기에 앞서 상주들에게서 노잣돈을 받기도 하는데, 〈월천다리〉가사에도 '월천노자나 걸어 주소' 라는 사설이 등장한다. 이 '노잣돈' 은 망자가 저승을 갈 때 필요한 노자 돈인 동시에, 상여를 메고 가는 상여꾼들에게도 일종의 수고비인 셈이다.

보통 〈월천다리〉는 불교적 의미가 담긴 용어가 많이 등장하는 앞소리와 '나무아미타불' 이라는 후렴구를 가진 뒷소리로 구성되어 있으며, '불교 의식요' 의 형태를 띠고 있지만 종교적 의미보다는 불교와 민속의 습합(習合, 철학이나 종교 따위에서, 서로 다른 학설이나 교리(敎理)를 알맞게 조화시킴)양상으로 이해할 수 있다. 즉 불교의 종교적인 신성함과 경건함을 생활 속의 상장례(喪葬禮) 의례에 습합(習合)시키고 있다는 것이다.

그래서 불교적 세계관이 깔려있는 〈월천다리〉는 구원을 희망하고, 극락왕생(極樂往生)을 빌고, 생로병사(生老病死)의 고통으로부터 해탈을 꿈꾸는 불교적 이상세계가 묘사된다. 이처럼 한국인의 죽음에 대한 생각은 대체로 무상하고 슬픈 일이지만, 어쩔 수 없는 운명이라는 체념과 함께 보다 나은 내세(來世)를 염원하는 종교적 희망을 특징으로 갖고 있기도 하다.

③ 사설

〈월천다리〉

(앞소리)

나무아미타불~

월천(극락)다리를 건날라니	이 다리를 건너가면
월천(극락)노자를 내라하네	언제 한번 돌아올꼬
상주님요 백관님요	빙풍에 기린 닭이
울지말고 이리 오소	홰 치며는 오실랑가
월천(극락)노자나 걸어주소	큰 솥에 짓난(안친) 밥이
월천(극락)노자를 걸었거든	움이 트며는 오실랑가
월천(극락)다리를 건너가세	돌아가신 그 간날에
이 다리를 놓을 적에	제사 때나 오시겠지
삼천명의 신도님이	뒷동산천 할미꽃은
한푼 두푼 시주하여	명년삼월 또 돋는데
이 다리를 놓았구나	우리 인생 한번가면
신도님요 신도님요	어예 그리도 못 오던고(오시노)
장하구나 장하구나	이리저리 생각하니
대왕님이 하신 말씀	한심하고 가련하다
살아 생전 허연 일을	인지가면 언지 올꼬
무슨 공덕 많이 했나	이 세상의 이별이라
배고프다 하는 사람	슬푸구나 우리인생
밥을 줘서 공덕했나	월천(극락)다리 다 건넜다
목마르다 하는 사람	

물을 줘서 공덕했나   (뒷소리)
살아 생전 하연 일을   나무아미타불~
좋은 공덕 많이 하여
이 나라의 주인되여
만 백성을 돌아보소

■ 각주 ■

- 월천다리 : 극락다리. 삶과 죽음을 잇는 다리. 속계와 선계를 이어
  주는 다리.
- 월천공덕 : 절 앞에는 보통 다리가 많이 놓이는데 이것은 다리가 물
  이라는 장애물을 넘는데서 그치지 않고 속세의 번잡한 마음을 씻어
  내고, 성스러운 세계로 진입하는 입구라는 의미도 담고 있다. 더구
  나 다리를 놓으면 모든 사람이 편하게 다닐 수 있으므로 불가에서
  는 월천공덕(越川功德)이라 하여 크나큰 공덕으로 여기고 민간의
  다리건설에도 승려들이 참여했다고 한다.
- 노자 : 여행에 드는 비용.
- 백관 : 상주가 아닌 집 안 사람들.
- 신도 : 信徒. 특정한 종교를 믿는 사람.
- 대왕 : 염라대왕.
- 빙풍 : 병풍.
- 홰 치며는 : '홰'는 닭이나 새가 앉도록 가로질러 놓은 나무막대를
  가리키는 말인데, 실제로 닭이나 새가 이것을 치면서 울지는 않는
  다. 즉 닭이 홰를 친다'는 말을 새벽에 닭이 '꼬끼오' 하고 우는 것
  으로 잘못 알고 있는 경우가 많다. 그러나 '홰를 친다'는 것은 새나
  닭이 날개를 푸드덕거리며 자신의 몸통을 치는 것을 말한다. 사람

도 잠에서 깨어나면 몸을 움직이듯이 홰를 치는 것 또한 잠에서 깨어났다는 신호라고 볼 수 있다.

- 인도한상 태어나서 : 인도환생(人道還生). 사람이 죽어서 저승에 갔다가 이승에 다시 사람으로 태어나는 일.

월천다리

어 예 그 리 도 못 오 던 고

나 무 아 미 타 불

슬 프 구 나 우 리___ 인 생

나 무 아 미 타 불

월 천 다 리___ 다 건___ 넜 다

나 무 아 미 타 불

- 2010년 소리 녹음 -

4. 소랫질

① 정의와 개관

옛 전통 장례의 분묘 매장 문화는 근거리에 있는 가산의 묘 자리를 마다하고 멀리 심산계곡을 찾아서라도 명당을 찾아 조상을 모시기를 원하였다. 즉, 상여가 멀고 험한 길을 가는 것은 흔한 일이었으며 상여가 좁은 길을 지나갈 때 상두꾼들의 자세와 역할은 위치마다 달라 경험과 요령이 필요하였다. 이처럼 좁은 길을 갈 때에는 고도의 집중력이 필요하고 협동심으로 단결하여야 하며, 일체감과 균형감을 잃지 않도록 소리를 맞추어야 하는데 이때 필요한 소리가 바로 〈소랫질〉인 것이다.

　이러한 좁은 길을 지나갈 때의 〈소랫질〉소리는 분명 농요와 노동 요처럼 힘을 모아 일체감으로 상여의 균형을 잡으며 힘들고 어려움을 집중력으로 극복하여 좁고 험한 길도 갈 수 있는 역할을 한다고 상두꾼들은 강조한다. 〈소랫질〉은 '길이 쏠다(좁다)'에서 파생된 말로, 주로 험하고 좁은 길을 지날 때 부르는 소리이다. 이에 〈소랫질〉 또는 〈좁은 길 지나는 소리〉 등으로 일컫는다.

　② 특징
　좁은 길을 지나갈 때 고장에 따라 후렴구가 '어넘차', '술렁수', '어기어차' 따위로 불리는데, '서촌상여'에서는 '어여차'라는 후렴구가 주로 사용된다. 이에 후렴구를 따라 〈어여차〉 또는 〈어여차 소리〉라 일컫기도 한다. 〈소랫질〉은 '잦은 상여 소리'에 속하는데, 이는 상여가 일반 평지가 아닌 곳, 좁은 길을 지날 때에는 상여 소리가 달라져야 한다고 생각하여, 보통 빠른 장단에 짧은 말인 1음보로 구성되어 있으며, 이를 메기고 받는다.

　즉, 3분박 보통 빠른 4박자(12/8박자)로 되어 있어 늦은 자진모리 장단에 잘 맞는다. 선소리꾼이 자진모리 반 장단(3분박 2박자)에 앞소리를 메기면 상여꾼들이 자진모리 반 장단(3분박 2박자)에 뒷소리를 메긴다. 가사는 상여꾼들에게 험한 길을 잘 넘어가 달라는 당부로 시작하여, 유년기를 어렵게 보낸 한 청년(신랑)이 하마터면 못 갈 장가를 어렵게 가게 되는데, 신부를 맞이하러 신부 집에 가는 도

중(잔칫날)에, 신부가 죽었다는 부고를 맞이하게 되면서 벌어지는 허무함과 안타까움을 신랑의 입장과 장모의 입장에서 담담하게 서술하고 있다.

③ 사설

〈소랫질〉

(앞소리)
어여차

조심하소	대문 밖을(첫째 문을)
질이 좁다	들어서니
우예 남케(우예 가지)	영정대가
대엽니다	번쩍꺼꼬
조심조심	골목(마당) 안을
조심하소	들어서니
한 살 묵어	상두꾼들
엄마 잃고	월썩들썩
두 살 묵어	뜨럭우로
아배 잃고	올라서니(올라가니)
이구십팔	사위 사위
열여덟에	내 사위야
첫 장가를	내 딸 죽은
갈(들)라하니	내 사위야
앞집가여	이왕 기이
궁합보고	왔거들랑

뒷집가여 발췌잠을
책력봐도 자고가세
궁합봐도 방 안으로(방문 열고)
못갈 장가 들어서니
책력 봐도 새별같은
못갈 장가 맑은 노(요)강
초향길을 머리맡에
채비서니(들어서니) 밀치놓고
한모롱이 둘이비자
돌아가니 두통비개
까막까치 좌-우로
지지 울고 밀치놓고
두모렁이 구름같은
돌아가니 한이불은
야수새끼 자치자치
쾡쾡우네 밀치놓고
시모롱이 분통같은
돌아가니 고분얼굴
저게 가신 청색같이
상반님요 변했구나
밀양삼당 여보여보
가시거든 우러님아
편지일매 하루일기
전합시다 못 넘거쿠
한 손으로 나를 두고

주는 편지
두 손으로
피여 보니
신부 죽은
부골레라
아이구 답답
나여리야
꽃가마는
어딜 가고
행상 소리
이런 일이
무삼 말고

가신 님아
허무구나(하다)
무정하다

■ 각주 ■

- 우예 남케 : 위의 나무.

- 대엽니다 : 닿입니다.

- 궁합 : 宮合. 혼인할 남녀의 생년월일시를 오행(五行)에 맞추어 보아 부부로서의 길흉을 예측하는 점.

- 책력 : 冊曆. 천체를 관측하여 해와 달의 운행이나 월식, 일식, 절기 따위를 적어 놓은 책.

- 초향길 : 처음 가는 길.

- 채비서니 : 差備서니. 어떤 일을 하기 위하여 필요한 물건, 자세 따위를 미리 갖추어 차리니.

- 모롱 : 모퉁이.

- 야시 : 여우의 방언(경상).

- 상반님 : 상제, 장가갈 때 신랑과 같이 가는 웃어른.

- 편지 일매 : 편지 한 장.

- 부골 : 訃告. 어떤 사람의 죽음을 연고자에게 알리거나 또는 그러한 글.

- 나여리야 : 내 일이야.

- 무삼말고 : 무슨 말이고.

- 영정대 : 명정대. 명정이 걸린 대나무.

- 번쩍꺼꼬 : 담 너머 대문 밖 '명정대가 잘 보인다.' 라는 말임.

- 뜨럭 : '뜰' 의 방언. 뜨락. 집안에 있는 평평한 빈터. 주로 화초나 나무 등을 가꾼다.

- 이왕 기이 : 이왕 이렇게.

- 발췌잠 : 짧은 틈을 이용해 불편하게 자는 '쪽잠' 을 말하며, '고인과는 머리를 반대로 두고 잠을 청하는 잠' 이라고 송문창 선생의 구술 증언이 있었다.

- 자치자치 : 구석구석 따로따로.

- 밀치놓고 : 밀쳐놓고.

- 두통비개 : 두통 베개. 첫날밤에 함께 베고 자는 베개를 지칭함.

- 청색 : 죽은 사람 얼굴색을 뜻함.

소랫질

팔공산 메나리 공산농요와 서촌상여

팔공산 메나리 공산농요와 서촌상여

192

- 2010년 소리 녹음 -

5. 팔부능선

① 정의와 개관

상여가 장지를 향해 가다보면 평탄한 길도 있지만 오르막이 있기
마련이다. 이 〈팔부능선〉은 상여가 가파른 산길을 올라갈 때 상여
를 맨 사람들의 동작과 호흡을 일치시키기 위해 부르는 노래이다.

〈팔부능성〉, 〈오르막 오르는 소리〉, 〈오르막 오르며 부르는 소
리〉 등으로 일컬으며, 언덕이 많은 산악지방에서 상여를 메고 올라
가는 일은 보통 일이 아닐 것이기에 발걸음을 재게 맞추다 보면 약

간 투박하고 단순하게 상여를 메고 올라갈 수밖에 없는 상황을 맞이하게 된다.

② 특징

죽음을 맞게 된 망자에 대한 슬픔을 두견새에 비유하고 있는 것이 특징이며, 곧 다가올 목적지(장지, 葬地, 장례 때 시신을 묻는 땅)가 경치가 좋은 명산지대임을 강조하고 있다.

또한 이러한 내용은 장례식에 참여한 망자의 가족, 친척, 지인에게 삶의 소중함을 더욱 각인시키고 있는데, 가사가 빠른 박자 속에서 노래가 구현됨으로써 상여꾼들의 움직임을 재촉하여 일의 능률을 배가시키고자 하는 데에서 노동요적인 성격도 발견할 수 있다.

이러한 '잦은 상여소리'는 주로 2음보로 노래의 빠르기와 단위박을 급격하게 가져간다. 이처럼 장지에 가까워지면 '긴 상여 소리'에 이어 '잦은 상여 소리'로 넘어간다. 이는 상여를 나르며 걸음을 재촉해야 할 경우, 산길이나 언덕을 오를 때 등 상여를 나르는 길의 변화에 따라 유동적으로 바꾸어 부르는데 사설의 구조 또한 이에 맞게 유동적인 변화를 보인다.

③ 사설

〈팔부능선〉

(앞소리)
오호~ 시~요

(뒷소리)
오호~ 시~요

팔부능선 닥쳐왔네

팔부능선 올라가세

앞산 마을 저기 돌고

뒷산 마을 들어가요

힘을 모아 올라가세

앞산아 땡기주소

뒷산아 밀어주소

발을 맞춰 올라가세

고목 낭케 우는 새는

어예 그리도 슬피 울꼬

저 높은 고목 남케

슬피우는 두견새야

배가 고파 슬피우나

날과 같이 님을 잃고

님을 잃어 슬피우나

울지 말고 이리 와서

너와 나와 벗을 삼자

팔부능성 올라서니

경치(정자) 좋고 방석 조네

대명산천 찾아왔네

태산봉에 올라서니

명산지대가 여기구나

백년집을 이별하고

만년터전을 찾아왔네

놓고~

- 능선 : 稜線. 산등성이를 따라 죽 이어진 선.

- 팔부능선 : 80% 올라온 능선.

- 방석 좋네 : '돌이 넓적한 게 있어서 앉기가 좋다' 라는 말임.

- 고목낭케(높은 낭케) : 古木나무. 오래 묵어 나이가 많고 키가 큰 나무.

- 두견새 : 귀촉도(歸蜀道). 두견이(杜鵑-). 두견잇과에 속한 새. 몸빛은 등 쪽은 어두운 회청갈색, 배 쪽은 백색에 검은 가로줄 무늬가 있다. 둥지를 틀지 않고 알은 딴 새의 둥지에 낳으며, 여름철 숲에서 많이 울고 초가을에 남쪽으로 간다.

- 대명산천 : 널리 알려진 훌륭한 이름의 산과 천을 일컫는 말.

- 태산봉(대한봉) : 泰山峰. 황해도 장연군 해안면(海安面)의 서쪽. 장산곶(長山串)의 동쪽에 있는 산. 여기서는 '크고 멋진, 명당(明堂) 봉우리' 임을 강조하는 말로 사용된 듯하다.

- 정자 : 경치.

- 만년 : 萬年. 아주 오랜 세월을 비유적으로 이르는 말.

- 터전 : 생활의 근거지가 되는 곳.

- 명산 : 名山. 이름난 산.

- 지대 : 地帶 어떤 공통적인 특성으로 묶이는 일정한 구역.

팔부능선

팔공산 메나리 공산농요와 서촌상여

어 예___ 그 리 도___ 슬 피 울 꼬

오 호___ 시___ 요

배 가___ 고 파___ 슬 피 우 나

오 호___ 시___ 요

날 과___ 같 이___ 님 을 잃 고

오 호___ 시___ 요

님 을___ 잃 어___ 슬 피 우 나

오 호___ 시___ 요

울 지___ 말 고___ 이 리 와 서

오 호___ 시___ 요

명산 지대가 여기구나

오 호 시 요

백 년 집 을 이별하고

오 호 시 요

만 년 터 전 찾아왔네

오 호 시 요

6. 달구 소리

① 정의와 개관

〈달구 소리〉는 후렴을 기준으로 구분한 노래인데, '달구', '달고', '덜고', '달개', '달호', '달회', '달공' 등과 같은 후렴의 사설이 구성되는 노래들 중에 '달구'에 대표성을 주어 명명한 노래를 이른다.

상여가 장지에 이르면 '하관'이라 하여 시신이 든 관을 내려 무덤에 안장을 시키고 회를 섞은 흙으로 덮고 여러 일꾼들이 발로 밟거나 장대로 단단히 다지게 되는데, 이를 〈달구질〉이라고 하며, 〈달구질 하는 소리〉, 〈달구 소리〉, 〈회다지 소리〉, 〈회방아 짓는 소리〉등으로 일컬으며, 달구질하는 이들은 보통 '상두꾼' 들 중에서 더욱 소리에 뛰어난 이들이 나서게 되며, '달구꾼' 으로 불리기도 한다. 즉 '상두꾼' 전원이 〈달구 소리〉에 참여하는 것이 보통이나 서툴러 참여 못하는 '상두꾼' 도 있었다 한다.

이처럼 장지(葬地, 장례 때 시신을 묻는 땅)에 도착하면 '행렬' 및 '상여 소리' 를 멈추고 '하관' 을 준비하는데 상두꾼들은 상여의 '보개' 와 '판첨' 을 들어내고 '방틀' 위에 있는 고인의 관을 모시고 묏자리로 옮긴다. 그런 후, 행상을 분리해서 고인을 '광중(壙中, 구덩이 속)' 의 앞에 모신다. '광중' 에 창호지를 깔아서 고인을 다시 모시게 되는데 이를 '퇴관(退棺)' 이라 한다. (창호지를 깔 때 보통 1·3·5·7·9 숫자 단위로 많이 깔게 되는데, 보통 7장을 까는 경우, 중앙의 5장은 가로로, 아래·위로 각각 1장씩은 세로로 간다.) 그런 후 '객토' 를 통해 '관' 과 '광중' 의 틈새를 메운다.

관 위에 '동심결(同心結)' 로 묶은 예단인 검정색 '현(玄, 음과 저승을 뜻함)' 과 붉은색 '훈(纁, 양과 이승을 뜻함)' 을 놓는데, '상현하훈(上玄下纁, 현을 위에 훈을 아래에 놓아라)' 이라는 규칙에 의해, 오른쪽 위(북방)에 현을 놓고, 좌측 아래(남방)에 훈을 놓게 된다. 이어서 '홍대(횡대, 橫帶, 관을 묻은 뒤, 구덩이 위에 덮는 널조각)' 를 보통 7장 올리고(1·3·5·7·9 숫자 단위를 많이 사용하며 모두 가로로 놓는다), 그 중 중앙의 1장을 젖혀서 '동관 소리' 를 3번

낸 후 '홍대' 모두를 닫는다. 그 위로 '명정'을 덮고 큰 상주부터 순서대로 '헌토(獻土, '허토'의 잘못된 표현, 장사를 지낼 때에 상제들이 봉분하기에 앞서 흙 한 줌을 관 위에 뿌리는 행위)'를 시작한다. '헌토' 이후 흙에 회를 섞어서(회를 섞는 이유는 땅 속에서 해충들이 접근하는 것을 방지하기 위함이라 한다) '광중'을 메워나가고 일정부분 흙이 메워지면 빈자리를 채우고 단단히 하기 위해 〈달구 소리〉를 시작한다.

즉, 운구 행렬이 끝난 후 시신을 매장하고 나서 묘의 봉분을 다질 때 부르는 소리로, '묘 봉분 다질 때의 작업'을 하는 데 들어가는 힘을 덜기 위해 노래의 박자에 맞추어 율동을 하며 흥을 돋운다. 보통 '집터를 닦을 때' 사용되는 노래 내용에는 풍수상 좋은 집터에 집을 지으면, 아들을 낳으면 효자요 딸을 낳으면 열녀일 것이니 자자손손 만복을 누리라는 축원이 담겨 있다. 그러나 '무덤 땅을 다질 때'는 인생의 허무함과 이별의 슬픔을 노래하고 영혼이 극락에 가서 영생하기를 비는 내용이 대부분이다.

② 특징
묘 봉분 기준점이 되는 곳에는 '종대(달구대)'를 꽂아 놓고 달구질을 하는 사람들이 선소리꾼의 달구 소리에 맞추어 춤추듯 한발씩 한발씩 내디디며 다져나가는 것이 특징이다. 즉 맴돌이를 하듯 빙글빙글 돌고, 위로 아래로 옮겨다니며 물 한 방울 스며들지 못하도록 차곡차곡 다지게 되는데, 보통 가사는 망자가 죽어 마지막 작별의 순간이기에 노래의 내용은 초로인생의 허무함과 영이별의 쓰라림을 애절하게 노래한다. 또한 묏자리가 유명한 산의 정기를 받은

명당이므로 망인도 마음 놓고, 또한 자손들도 복을 받을 것이라는 덕담 사설로 꾸며지는 경우가 많다.

'종대(달구대)'를 중심으로 '선소리꾼'의 소리에 맞춰서 너울너울 춤을 추듯 팔다리를 움직이면서 〈달구 소리〉를 하게 되며, '선소리꾼'이 먼저 긴소리로 굵고 길게 뽑아내면 '달구꾼'들이 소리를 받아가면서 부른다. '서촌상여'의 〈달구 소리〉는 후렴구를 '달구'가 아닌 '다래'로 받아 주는 것이 특징인데, 아마도 발음하기 편하라고 바뀐 듯하다.

〈달구 소리〉는 흔히 한 소절이 3분박 보통 빠른 4박자(12/8박자)로 되어 '중중몰이 장단'이나 '늦은 잦은몰이' 장단에 잘 맞는다. '선소리꾼'이 북을 치며 한 장단의 앞소리를 메기면 '달구꾼'들은 같은 장단의 뒷소리를 '오오호 다래요' 하고 받는다.

'달구질'은 달구꾼들의 일체감과 정확한 동작으로 발을 맞추며 해야 힘도 덜 들고 능률적이라 한다. '선소리꾼'은 '달구꾼'들의 힘을 북돋아 주기 위하여 더욱 애절하면서도 신명나게 메김 소리를 하면 달구질꾼들도 저절로 신명이 나서 절정에 이르게 되며 두 번 세 번 단계별로 봉분을 쌓아 올리게 된다. 일반적으로 보아 〈행상소리〉는 슬프게 들리고, 〈달구 소리〉는 씩씩하게 들린다고 하는 사람도 있었다.

③ 사설

〈초벌 다래 소리〉

방장띠고 짐 띠소
하관시간 다 됐습니다
집사어른 와가지고 좌향이랑 분금 봐주이소
간자 놓던 인자 놓던 봐주고
백관들 운거해주이소

예단피고 홍두 덮어쏘
중앙에 홍두 1장만 벗겨내고
동관소리내야 합니다 오~ 오~ 오~
덮구요

자~영정피고 헌토합시다
맏상주 흙 상에 붇고
둘째 상주 흙 중에 붇고
막내 상주 하에 붇고

물러서이소 일꾼들 자 들어와요
가새 보드라운 흙부터 석회하고 채우고
꼭꼭 채워서 밟아주이소
종대 세우고 보드라운 흙부터 모으소
밟읍시다

(앞소리)   (뒷소리)

오호호 다~래~요   오호호 다~래~요

이 다래가 누 다래고

죽은 망령 다래로다

경상북도(우리나라) 대 명산은

태백산이 분명하다

태백산 주력받은

소백산이 분명하다

소백산 주력받은

팔공산이 생겼구나(잘 생겼네)

팔공산 주력받은

이 능선이 생겼구나(잘 생겼네)

사방으로(사방능선) 훑어보니(올라보니)

청룡등은 강하지고

백호등은 자자져서

사방능선 저 땡기는

이 주력을 다 땡겨서

명산지대가 여기구나

삼대정승 육판서요

한꺼번에 땡겨가서

이집 아들 팔 형제로

팔 형제 사 형제요

십이 남매 자라나서

한 서당에 글을 배와

가게하기만 힘을 씨소

이 나라의 충신되어(이 나라의 만~백성)
만백성을 섬겨주소(구석구석 살피주소)
자손은 만년수라
천년수는 다 버리고
만년수를 점지하세

■ 각주 ■

- 방장 : 앙장(仰帳). 상여 위에 치는 휘장.
- 짐 : 상여의 '보개' 와 '판첨' 등을 말함.
- 하관 : 下棺. 시체를 묻으려고 파 놓은 구덩이에 관을 내림.
- 집사 : 집사자(執事者). 실제로 일을 맡아서 책임지고 처리하는
  사람.
- 좌향 : 坐向. 집이나 묘가 자리하고 있는 방향을 말한다. 혈 가운데
  서 용맥(龍脈, 풍수설(風水說)에서, 산의 정기가 흐르는 산줄기)이
  내려오는 뒤쪽은 '좌' 고 앞은 '향' 이다. 풍수지리에서 방위는 모두
  24개로 되어 있으며 '좌' 와 '향' 은 서로 대칭이다. 배산임수(背山
  臨水)에서 배산하는 쪽은 '좌' 고 임수하는 쪽은 '향' 이다. '좌향'
  을 결정하는 방법에는 여러 '이기론(理氣論)적인 법칙' 이 있다.
- 분금 : 하관할 때 사용하는 음양의 기운을 합기(合氣)하기 위해 사
  용되어지는 방법이다.
- 간자, 인자 : 艮字, 寅字. 풍수지리에 사용되는 용어.
- 예단 : '현' 과 '훈' 이라는 예단을 올림.
- 홍두 : 홍대. 횡대(橫帶). 하관할 때에 관 위에 가로로 걸쳐 놓는 막
  대기로서, 나무판이나 대나무로 한다. 이것을 놓는 이유는 하관 후
  관 위에 쏟아 붓는 회반죽이 직접 관에 닿지 않도록 하기 위함이다.

- 동관 소리 : 홍대(횡대)를 7장 덮은 후, 중간의 1장을 들쳐 내어, 동관 소리 '오'를 3번 내게 되어 있다.
- 영정 : 명정(銘旌). 장례식에 쓰이는, 붉은 천에 흰 글씨로 죽은 사람의 관직이나 성명(姓名) 따위를 적은 조기(弔旗).
- 종대 : 달구대. '달구꾼'이 봉분을 쌓고 만드는데 기준이 되는 막대기.
- 망령 : 亡靈. 죽은 사람의 영.
- 주력 : 注力. 어떤 일에 온 힘을 기울임.
- 강하지고 : 강하다. 힘차다.
- 가게 : 과거.
- 삼대정승 : 조선시대, 의정부의 수반인 영의정(領議政), 좌의정(左議政), 우의정(右議政)을 통틀어 이르는 말.
- 육판서 : 고려와 조선 대, 여섯 중앙 관청의 판서를 이르는 말. 육조 판서(六曹判書) 이조, 병조, 예조, 형조, 호조, 공조를 뜻함.

초벌 다래 소리

팔공산 메나리 공산농요와 서촌상여

한 서 당 에 글 을 배 와
오 호 호 다 래 요

이 나 라 에 충 신 되 어
오 호 호 다 래 요

만 백 성 을 살 펴 주 소
오 호 호 다 래 요

- 2010년 소리 녹음 -

〈두 벌 다래 소리〉

일꾼들 흙 떠올리소
용미자리로 흙 좀 보내고
도리띠 앞을 한 번 돌리소

(앞소리)   (뒷소리)
오호호 다~래~요   오호호 다~래~요

하던 소리를 끊지말고

쿵덕 쿵덕 밟아주소(다리주소)

백년집을 다지가고

토벌 단칸 집을 지어

만년집을 찾아왔네

상주님요 백관님요

우리 부모 상양하네

사방으로 돌아보소

초가 삼칸을 지어볼까

아가 삼칸을 지어볼까

토벌 단칸 집을 지어

우리부모 모시다가

천년만년 살고지라

아배 아배 울 아배요

인지 가면 언제와요

십이 남매 우리 형제

어찌하라고 떠나가소

■ 각주 ■

- 용미자리 : 무덤의 끝 부분.
- 도리띠 : 봉분(封墳)은 흙더미를 쌓아올려 만든 둥근 모양의 무덤을
  말하며, 이러한 무덤이 비 등에 씻겨 내려가는 것을 막기 위해서 위
  에 떼(뿌리 채로 떼어낸 잔디)를 입히는데, 이것을 둥글게 붙여나가
  면서 만든 모습을 말함.
- 토벌 단칸 : 무덤을 은유적으로 표현한 말.

- 만년집 : 영원히 지낼 곳임을 표현한 말.
- 상양 : 상량(上樑). 기둥에 보를 얹고 그 위에 처마도리와 중도리를 걸고 마지막으로 마룻대를 올리는 일. 송문창 선생의 구술 증언에 의하면, '집을 지은 후 대들보 올리는 것'을 말하며, 몇 년 몇 월 몇 일에 대들보를 올렸는지를 글자를 쓰게 되는데 큰 대청(大廳)이 없는(초가삼간 짓는) 사람은 큰방 대들보에 글자를 쓰게 되며, 이러한 글을 목수들이 위로 올린다는 뜻을 말한다.
- 초가삼칸 : 초가삼간(草家三間). 세 칸 되는 초가라는 뜻으로, 아주 작은 집을 비유적으로 이르는 말.
- 아가 : 와가(瓦家). 기와로 지붕을 이어 올린 집.

두 벌 다래 소리

쿵 덕 쿵 덕 밟아 주소
오 호 호 다 래 요

백 년 집 을 다 지 가 고
오 호 호 다 래 요

토 벽 단 칸 집 을 지 어
오 호 호 다 래 요

만 년 집 을 찾 아 왔 네
오 호 호 다 래 요

상 주 님 요 백 관 님 요
오 호 호 다 래 요

우 리 부 모　　　 모 시 다 가

오 호 호 다 래 요

천 년 만 년 살 고 지 라

오 호 호 다 래 요

아 배 아 배　　　 울 아 배 요

오 호 호 다 래 요

인 지 가 면　　　 언 제 와 요

오 호 호 다 래 요

십 이 남 매　　　 우 리 형 제

오 호 호 다 래 요

- 2010년 소리 녹음 -

〈세 벌 다래 소리〉

도리 떼 다 놓고요
용띠 놓고
용미 길게 해주이쏘 이 손 질구로
보드라운 흙 다 뿌릿거든
홍대까지고 가새 다시 한번 다지주고
시발다래 함 다집시다. 마지막으로

(앞소리)   (뒷소리)
오호호 다~래~요   오호호 다~래~요
금잔디는 옷을 삼고
백모래는 밥을 삼아
동지섣달 오는 눈비
이 무덤에 이불이라
이 고을 신령님요
이 고을 천황님요
이 고을 부채님요

삼원(인)일치 손(힘)을 모아

우리 부모 이 무덤을

고로 고로 살펴주소

이 고을 신령님께

만수무강을 비나이다

이만하고 마첩시다

■ 각주 ■

- 용띠 : 봉분(封墳) 마지막 제일 위에 올리는 잔디.

- 이손 질구로 : 자손이 많고 번성하게 해주십사 하고 빌며.

- 부채 : 부처.

- 고로 고로 : 군데 군데.

- 마첩시다 : 마칩시다.

세 벌 다래 소리

이 고 을 부 쉐 님 요

오 호 호 다 래 요

삼 원 일 치 손 을 모 아

오 호 호 다 래 요

우 리 부 모 이 무 덤 을

오 호 호 다 래 요

고 로 고 로 살 펴 주 소

오 호 호 다 래 요

이 고 을 신 령 님 께

오 호 호 다 래 요

만수 무강을 비 나 이 다

오 호 호 다 래 요

이 만 하 고 마 칩 시 다

오 호 호 다 래 요

- 2010년 소리 녹음 -

참고문헌

- 경기도 동남부 지방의 상여 소리와 달구 소리 연구 (최종민, 성남문화 연구 제5호, 성남문화원 부설 향토문화연구소, 1999)
- 경기도 무형문화재 제 27호 영주 상여 소리와 회다지 소리 제 16회 정 기공연 (양주 상여와 회다지 소리 보존회, 양주백석 동화사거리~은봉 초등학교, 2017. 5. 7.)
- 경북민요 (조동일, 형설출판사, 1977)
- 경상도 논농사 소리의 음악적 특성 (김인숙, 한국민요학회 제9회 동 계전국학술발표대회, 전북대학교 2003년 2월)
- 경상도 지방 민속놀이 윷놀이, 널뛰기, 고누 등 다양한 놀이 즐겨 (한 국민속신문, 2011년 2월 6일)
- 경상북도 지역의 토속민요에 나타난 시김새 연구 : 논매기 소리를 중 심으로 (양광호, 국악교육, 한국국악교육학회, 2001)
- 경·서토리 음 구조 유형에 관한 연구 (이보형, 문화재관리국, 1992)
- 공산농요 음반 '우리네 기원, 우리네 삶, 우리네 죽음' (코리아트넷, 2002)
- 공산농요 DVD (대구광역시 관광문화재과, 비매품, 2011)
- 공산농요·공산만가 음반 (공산농요보존회, 비매품, 2012)
- 구전민요 선율의 구조와 기능 (권오성, 예술논문집 25, 대한민국예술 원, 1986)
- 권태룡의 음원채록 (권태룡, '송문창 선생 노래 녹음', 1994~1995, 2002, 2011~2013, 2015~2017)

- 권태룡의 인터뷰 (권태룡, '송문창 선생님 구술 증언', 1994~1995, 2002, 2015~2017)
- 규방가사(閨房歌辭) I (한국정신문화연구원, 1979)
- 김제의 농요 (池春相, 全羅南道, 1987)
- 농서(農書) (王禎, 1313)
- 농요의 길을 따라 (이소라, 밀알, 2001)
- 농정전서(農政全書) (徐光啓, 1639)
- 다음사전 (HTTP://WWW.DIC.DAUM.NET)
- 땅 다지는 소리와 묘 다지는 소리의 존재양상 (이영식, 한국민요학37, 한국민요학회, 2013)
- 땅 다지는 소리의 지역적 판도와 노동요적 성격에 관한 연구 (강등학, 한국민요학 18, 한국민요학회, 2006)
- 동해안무가 (최정여·서대석, 형설출판사, 1974)
- 무속(巫俗)의 세계 (최길성, 정음사, 1984)
- 문화 콘텐츠 닷컴 (HTTP://WWW.CULTURECONTENT.COM/MAIN.DO)
- 문화재청(HTTP://WWW.CHA.GO.KR) (양주 상여·회다지 소리 항목)
- 민속예술사전 (한국문화예술진흥원, 1979)
- 민요 (권오성, 월간문화재 11, 월간문화재사, 1982)
- 부산 MBC 48주년 특집4부작 '삶, 죽음, 그리고 사망이후보고서' (부산 문화방송, 2007)
- 상여고 (정종수, 생활문물연구1, 국립민속박물관, 2000)

- 상여 소리를 통해본 노래의 형성 (오용록, 한국음악연구, 한국국악학회, 2001)
- 신증동국여지승람(新增東國輿地勝覽) (이행, 윤은보 등, 규장각 도서, 1530)
- 양산의 민요 (양산군, 1992)
- 어사용의 선율분석: 범패선율과 관련하여 (백일형, 민족음악학, 서울대음대부설동양음악연구소, 1988)
- 어사용의 유형과 사설구조 연구 (권오경, 경북대학교 박사학위논문, 1997)
- 어산영의 3단 구성과 신가적 성격 (권오경, 문학과 언어17, 문학과언어연구회, 1996)
- 여성노동요에 나타난 삶의 의식 연구. (고한준, 나물 캐는 노래 발표문, 2011)
- 영남민요 어사용의 음조직 연구 (김영운, 한국민요학 6, 한국민요학회, 1999)
- 영남의 소리 (김기현·권오경, 태학사, 1998)
- 우리소리 우습게 보지말라 (김준호 외, 이론과 실천, 1997)
- 위키백과 (2017)
- 의성의 민요 (의성 문화원, 2000)
- 인터뷰 (군산시 옥서면 선연리 경로당, 2014. 1. 31.)
- 장례요의 존재양상과 사설 연구 (이영식, 강릉대학교 박사학위논문, 2007)

- 조선민요연구 (고정옥, 수선사, 1948)
- 중요민속자료 제31호 남은들 상여 실측조사보고서 (예산군, 2003)
- 중요민속자료 제120호 청풍부원군 김우명 상여 실측조사보고서 (춘천시, 2001)
- 중요민속자료 제230호 산청 전주최씨 고령댁 상여 실측조사보고서 (국립민속박물관, 1998)
- 팔공산의 메나리 송문창과 공산농요 (도서출판 한빛. 대구동구팔공문화원, 2009)
- 팔공산 자락 걷기 좋은 길11 (이춘호, 영남일보 주말매거진 위클리포유, 2011)
- 한국가창대계 (이창배, 홍인문화사, 1976)
- 한국구비문학대계 (한국정신문화연구원, 1980~1988)
- 한국 구비문학의 이해(강등학 외, 월인, 2005)
- 한국구비전설의 연구 (최래옥, 일조각, 1981)
- 한국구전민요의 세계 (김헌선, 지식산업사, 1996)
- 한국농기구고 (김광언, 한국농촌경제연구원, 1986)
- 한국 민속 문학 사전 '민요 편' (국립 민속 박물관, 2013)
- 한국 민요 문학론 (김문헌, 집문당, 1986)
- 한국 민요론 (최철, 집문당, 1986)
- 한국민요집(韓國民謠集)1~4 (임동권, 집문당, 1961~1981)
- 한국 민족 문화 대백과사전 (한국 정신 문화 연구원, 1991)

- 한국 상여의 변천사에 관한 연구 (김무찬, 동국대학교 석사학위논문, 2003)
- 한국 설화의 유형적 연구 (조희웅, 한국연구원, 1983)
- 한국의 나무 꼭두 (김옥랑·이두현, 열화당, 1998)
- 한국 전통사회의 관혼상제 (장철수, 한국정신문화연구원, 1984)
- 한국 중세의 농업기술과 노동형태(이종봉, 두레노동과 소리문화, 민족음악연구소, 2004)
- 한국의 농기구 (김광언, 문화공보부문화재관리국, 1969)
- 한국의 농요1~4 (이소라, 현암사, 1985~1992)
- 한국의 물레방아 (이춘녕·채영암, 서울대학교 출판부, 1986)
- 한국의 민요(임동권, 일지사, 1980)
- 한국의 세시풍속 (장주근, 형설출판사, 1984)
- 한국의 세시풍속 (최상수, 고려서적, 1960)
- 한국음악4 (국립국악원, 1981)
- 향토조(鄕土調) 선률(旋律)의 골격 (권오성, 예술논문집16, 대한민국예술원, 1977)
- MBC 한국민요대전 경상북도편 (문화방송, 1995)